今日も舞台を創る

池田道彦
Michihiko Ikeda

今日も舞台を創る

プロデューサーという仕事

岩波書店

前口上

舞台公演プロデュースの歴史を書くにあたり、なぜ私が舞台を創ってきたのか、その企画意図はどこにあるのか、成り立ちや経緯、結果や時代とエピソード、体験等を語ることによって、少しでも今後の舞台制作の参考になれば幸いです。

そして舞台を観ることが好きな方や、昭和の時代背景に惹かれてこの本を手にとってくれた方などさまざまな人たちの心に、舞台の楽しみ方を広げることに繋がれば嬉しいです。

プロデューサーとは何をする人か

プロデューサーの仕事は、舞台の企画を、あらゆる情報を基に自分がイメージした理想の舞台作品に仕上げ、成功させることにある。そのための情報とは、本(小説や情報誌)、映画、CD、海外公演、オペラ、美術館めぐり、他の劇場の舞台、コンサート(歌謡曲、ポップス、ジャズ、クラシック)、ミュージカル、ダンス、ライブハウス、ラジオ、テレビドラマやニュースなど。かなりの量の情報を通して、見て、聞いて、調べる中で点と点が結びつき、イマジネーションを膨らませていくことで、自分の思い描く企画が出来上がる。

その企画を具体化するために、スタッフ（演出、脚本、音楽、美術、照明、音響、衣装、振付など）は企画に合う人を慎重に選んで、交渉して、決定する。

自分のイメージや表現方法をとくに演出家、脚本家に伝えるための打ち合わせを何回もおこなう。脚本に関しては、原稿の直しを自分が納得するまで繰り返す。この作業はものすごく時間がかかる。

同時に、企画に合う実力・人気のある人たちに交渉して、キャスト（主役の役者、歌手、ダンサー）や演奏者などを決定する。これも何回も会って、ときには本人を口説く場合もある。

また、新しい劇場のオープニング企画の依頼がくることもある。

その場合は、劇場の立地条件、客席数、時期に合わせ、特徴的な企画を立て、スタッフ・キャストを決定する。

公演劇場、日程、スタッフ・キャストが決定したところで、舞台入場料を決め（予想入場者数を立てる）、予算を組む。

協賛スポンサー、後援会社、各テレビ・ラジオ局などに資金集めの交渉をする。

宣伝PR方針と予算を決め、宣伝会社、チラシ、プログラム等の製作とそれぞれの担当会社、スタッフを決定する。

《いよいよ稽古だ！》

劇場使用料、稽古場使用料は、もちろん、公演が決定した時点で決めておく。作品にもよるが、稽古は一か月から二か月はかかり、各セクションのスケジュールを調整する。

制作発表会を開催する。そのために主催・後援・協賛会社と、キャスト・スタッフなどに集まってもらい、公演内容の説明と写真撮影をおこない、取材のスケジュールを決める。

《さあ、舞台稽古だ！》

ここまでの間に全キャスト・スタッフとコミュニケーションを図り、チームの一体感を高めるために努力する。

劇場でのセットの仕込みから舞台稽古までは約一週間かかる。

舞台上で稽古すると、新しい発見もあるので、作品を良くするため、演出家に新しく注文を出す。

《そして初日だ》

観客の反応から、修正が必要であれば修正して、より良い作品にする努力をする。

そして関係者全員に感謝を伝えること。初日祝い、千秋楽祝いなどもおこなう。
予算の結果を一覧表に集約し、赤字の場合はその対応をし、大ヒットの場合は再演や地方公演の希望があれば、実現の方向に努力する。

——以上が、プロデューサーという仕事の概要です。

＊本文中の図版はとくに断りのない限り著者提供

もくじ

構成・編集協力　増島正巳

第1章

ショーは渋谷で始まった

「公園通り」の誕生

いまや世界的に知られる繁華街となった渋谷。すり鉢状の地形の底にあるターミナル駅の雑踏を抜け、なだらかな渋谷公園通りの坂道を進む。

道行く人々のファッションも、ビルの高さや店舗も様変わりしたが、ここを歩くたびに私は半世紀も前のことを昨日のことのように思い出す。かつては「区役所通り」と呼ばれ、地味だったこの通りが「渋谷公園通り」と変わったのは、忘れもしない一九七三年のことだ。

渋谷の街は、高度経済成長期には新宿や池袋におくれをとったと言われていた。だが一九六七年、栄通り(現・文化村通り)の先に東急百貨店本店が、続いて翌年には区役所通り沿いに西武百貨店がオープン。西武はさらに五年後の一九七三年、同じ通り沿いに渋谷PARCO《パルコ》を誕生させた。

「すれ違う人が美しい――渋谷――公園通り」

印象的なキャッチコピーを掲げて、渋谷に新しく登場した商業施設PARCO。この名コピーを世に送り出したのは、株式会社パルコの専務、増田《ますだ》通二《つうじ》だ。「公園」とは、敗戦後に接収され、進駐軍の宿舎となっていたワシントンハイツ跡に一九六七年に開園した都立代々木公園のこと。

ちなみにPARCOはイタリア語で「公園」を意味するので、この通りにふさわしい名称であった。

「PARCOを渋谷の文化の中心にしたい」と意気込む増田専務と知り合ったのは、私が芸能事務所の渡辺プロダクション（以下、渡辺プロ）でマネージャーをしていたことがきっかけだった。

地下一階地上九階建ての渋谷PARCOの八階には、増田専務のいう「文化」の発火点として西武劇場（のちのPARCO劇場）が設けられた。

ここでは大胆な催しが次々に披露された。なかでも驚かされたのは、アングラ（アンダーグラウンド）演劇で知られていた「天井桟敷《てんじょうさじき》」や「状況劇場」などの劇団を公演させたことだ。PARCOのビルの壁一面にアングラの妖しげな宣伝文句が貼りだされ、通行人の目を奪っていた。

渡辺プロで歌手やタレントのマネジメントを務めるかたわら、今までにない新しいスタイルのミュージカルを創りたいと考えていた私は、渋谷PARCOの登場を絶好の機会と感じ、増田専務にその企画を提案した。

そして、劇場オープンの翌七四年に初演された『SHOW GIRL――ショーガール』（以下、『ショーガール』）は、舞台プロデューサーとしての私、池田道彦の記念すべきデビュー作となったのである。

幸いにも『ショーガール』はしだいに人気上昇。公演はシリーズ化し、渋谷PARCOの顔と言えるほどになった。いつしか渋谷公園通りには、年齢を問わずカップルの姿が増え、男女二人だけのミュージカル『ショーガール』の観客にもそうした人たちが多かった。

じつは渋谷公園通りの「文化」には、もうひとつの拠点があった。渋谷PARCOがオープンする四年前の一九六九年にできた小劇場「渋谷ジァン・ジァン」だ。場所は同じ通りの並びだった。

ステージの左右に客席が置かれるほどの狭い空間ながら「渋谷ジァン・ジァン」は、シャンソン歌手の美輪《みわ》明宏《あきひろ》や淡谷《あわや》のり子、放送作家の永六輔《えいろくすけ》といった一流どころが歌やトークを聴かせる場として知られるようになっていた。

私は一九八六年、ここで上條恒彦《かみじょうつねひこ》のコンサート『悪夢のオルゴール――二〇世紀黄金時代の名曲を歌う』をプロデュースした。

そのころ、TBSのテレビプロデューサーだった久世光彦《くぜてるひこ》、同じくTBSのラジオプロデューサーの松井邦雄《まついくにお》とともに読書を楽しむ「三人の会」を作っていた。

「イケちゃんはよく本を読んでいるな。この本はいいぞ！」

ある日、久世から紹介されたのが、八四年に松井が刊行した『悪夢のオルゴール』(河出書房新社)だった。前記の公演はこの本を原作としたものだった。

二〇〇人で満杯の「渋谷ジァン・ジァン」に、上條恒彦の朗々とした歌声が響き渡った。その声は今でも鮮烈なまま、耳の奥に残っている。

この街が魅力的なのは、いつも新たな予感に満ちたショーの舞台のようだからにちがいない。

そう、私自身の「今日も舞台を創る」という人生のショーも、あのころの渋谷を舞台に幕をあけたのだ。

木の実ナナ、君がショーガールだ！

「えーっ！　ほんとうにあたしが？　ねえ池田さん」

下町育ちの飾らない表情で、女性は走り寄ってきた。

「そう、ナナ。君が『ショーガール』に決定だ！」

一九七四年の春、日比谷。芸能事務所の最大手、渡辺プロで統括マネージャーをしていた三四歳の私は、ダンスの稽古中だったその女性に告げた。彼女の名は、木《き》の実《み》ナナ。二七歳。

「もうひとつ驚かせてあげるよ。相手役は細川俊之《ほそかわとしゆき》さんだ」

その言葉に二度びっくりのナナは、思わず両手で口をおさえた。

相手役の細川俊之は三三歳。「俳優座」「文学座」を経て、二枚目俳優ながら演技派としても評価を高めていた。

目の前にいる〝下町っ子〟の顔には、喜びに加えて強い緊張感も浮かんできた。私の原案による新作エンタテインメントショー『ショーガール』は、役者がたった二人だけの舞台だ。その責任の重さが胸に迫ってきたのだろう。

でも、ナナならきっと『ショーガール』を成功させる。彼女にはほかの子にない〝華〟があり、自身を最大限にアピールできる能力を持っているからだ。それをフルに発揮すれば、この画期的なショーを必ず引っ張っていける。私はそう確信していた。

当時、私は渡辺プロでザ・ピーナッツ、沢田研二《さわだけんじ》、萩原健一《はぎわらけんいち》、天地真理《あまちまり》、アグネス・チャン、キャンディーズといった多くのタレントをマネジメントしていた。そうした所属タレントの中から、木の実ナナを『ショーガール』に抜擢したのだ。その経緯とは……。

この一〇年以上前、まだ中学三年生だったナナを渡辺プロにスカウトしたのは私だった。場所はジャズ喫茶「新宿ACB《アシベ》」。渡辺プロが経営し、最新の音楽と若者の熱気に満ちていた店だ。ある日のオーディションに、まだ二〇代前半の私も審査員に加わっていた。

このときナナは、友人の付き添いで学校帰りにセーラー服のまま来ていた。楽屋で友人を待っていると、スタッフから「あなたも歌ったら？」と誘われ、ステージに上がったのだった。

そんな少女の堂々とした歌いっぷり。私はその度胸と存在感に目を見張り、そばにいた副社長で審査員長の渡辺美佐に強くプッシュした。

「池田鞠子《まりこ》です」

少女はそう名乗った。しかも向島に住んでいるという。「池田」という同姓であるばかりか、私も日本橋浜町の出身だから、同じ東京の下町育ちだった。のちに舞台の世界に乗り出していくプロデューサーとエンターテイナー。その運命の出会いだったとは、お互いに知るよしもなかった。

オーディションに合格した少女は渡辺プロに入り、一九六二年に木の実ナナの芸名で歌手デビューした。

だが、なかなか大きなヒットに恵まれない。同じ所属タレントのザ・ピーナッツや中尾《なかお》ミエらが活躍を続けるなか、ナナには下積み時代が続いた。

二三歳の頃、ナナは日本をあとにする。

「本場のショービジネスを学んでくるように」

渡辺プロから、契約しているロサンゼルスのナイトクラブへ修業に向かわされたのである。

この渡米した経験がナナの転機になった。本場でさまざまな経験をしただろう。とくに、女優シャーリー・マクレーンのショーを観た時のこと。すでに三〇代のマクレーンに対し、アメリカのスタッフが「彼女はまだまだ子どもだから」と言うのを耳にして、大いに勇気づけられたらしい。

日本初　男女二人だけのミュージカル

決意も新たに帰国したナナは一九七二年、事務所の反対を押し切って劇団四季のミュージカル『アプローズ』のオーディションに挑んだ。

ショービジネスの裏側を描いたこの作品は、アメリカ映画『イヴの総て』を一九七〇年にブロードウェイで舞台化したものだ。日本で主演を務めたのは越路《こしじ》吹雪《ふぶき》。宝塚歌劇団出身のシャンソン歌手で、『愛の讃歌』や『ラストダンスは私に』などをヒットさせた大スターである。ナナは越路吹雪の大ファンだった。

端役ながら『アプローズ』にキャスティングされたナナは、私を名指しで事務所に電話してきた。

「ぜひ、直接観てほしいんです！」

大スターとの共演で自信を得たらしい。ナナは千秋楽に招待してくれた。

思ったとおり、木の実ナナという大輪の花が開きつつある——。

舞台を観て、そう感じた。「顔で踊る下町っ子ダンサー」とあだ名されるほど、喜怒哀楽をはっきりと顔に現わす彼女の魅力が、「日生劇場」の舞台の上で光を放っていた。

やはりナナしかいない！

私はそのころ、すでに新しいショーの原案を、日本テレビのディレクターや脚本家を経てフリーとなった福田陽一郎《ふくだよういちろう》と共同で進めていたのだ。

男女二人だけのショーをやりたい。なぜなら、ラブストーリーを演じるなら男女二人だけで十分だから。シンプル・イズ・ベスト。時には思い切って余分なものをはぶいてみる。それは、創作や表現における定石のひとつといえるだろう。そういう「日本初」といえる舞台にナナを立たせたいと、最初から私は思っていたのだ。

そのような大胆なビジョンを形にするのにふさわしい場も現われた。それが渋谷ＰＡＲＣＯだったのである。

『ショーガール』という小さいながらも斬新な船の設計図は着々と描かれていった。なにより成功の鍵となるのは、ナナの相手役である。

男の色香をただよわせながらも、ナナの〝華〟をうまく開かせてくれるような相手がいい――。じつは、私は細川俊之の妻と知り合いだった。元ダンサーで陽気な性格の彼女は、細川のマネージャー的存在でもあった。その妻も彼の背中を押してくれたのだ。

「ありがとうございます！　音楽は大好きなんです」

演技と歌とダンスで楽しませるショーと聞いた細川は、柔和な目を輝かせた。

これで船の乗組員はそろった。彼の出演承諾を受けたうえで、私はナナに主演の決定を伝えたのだった。

「間借り」で始まったステージ

私が考えた『ショーガール』は、男女二人が演じるラブストーリーの中盤に、ショータイムを入れるという構成だ。そのショータイムでは、ストーリーの内容にはとらわれず、多彩な歌とダンスを披露する。ミュージカルとしては斬新なスタイルといえるだろう。

「よし、イケちゃん、これでいこう！」

パルコの増田専務の決定で、第一回公演は一九七四年七月二三日から二七日の五日間で実験的におこなうことになった。「実験的」というのは、通常の公演時間帯ではなく、イレギュラーな時間帯に設けたからである。「PARCOディナーショーPM9：55劇場」と銘打った。普通の公演ではありえない、深夜に近い時間だ。そのわけは、レギュラー公演が終わった直後のステージを「間借り」したからである。だからステージの奥にはレギュラー公演のセットが置かれたままになり、それをカーテンで隠して『ショーガール』を演じるのだ。不安よりも期待がまさる、ワクワクするような実験だった。

ナナも細川もこの作品に大乗り気で、公演日程が決まると舞台稽古にますます力が入ってきた。ダンスの振付は山田卓《やまだたく》。宝塚歌劇団などの振付を手がけるなど、日本ではトップクラスの振付師だ。『アプローズ』の振付も担当し、そこで出会ったナナを、「顔で踊るダンサー」と評したのも山田だった。

いよいよ『ショーガール』公演開始の日。本番前の舞台稽古を見ていたある人物が、画期的なアイデアを出した。その人の名は三宅一生《みやけいっせい》。当時三六歳のファッションデザイナーである。一九七三年に初参加したパリ・コレクションでは、「一枚の布」で身を包むという、洋の東西を超えたファッションを発表した。私はこの気鋭のデザイナーに『ショーガール』の衣装デザインを依頼したのだ。

三宅はナナの踊りをじっと見ていたあと、こんなことを口にした。

「レオタード、もっと上げよう！」

ナナはすぐに反応し、惜しげもなく自分のレオタードの端をつまみ上げた。

「きゃっ、カッコイイ！」

下町っ子ダンサーの顔が、感激でいっぱいになる。

「よーし、いいぞ！」

三宅はニッコリ笑った。

さすがに世界的なデザイナーだ。それは同時に、ハイレグのレオタードスタイルが出現した瞬間でもあった。

二人そろって「完全燃焼」

いよいよ錨を上げる日が来た。

「二人の夜は 踊る 新しい恋人たちのナイトシアター」というキャッチフレーズで、男と女のラブストーリーを一九六〇〜七〇年代のアメリカンポップスにのせて展開する『ショーガール』の船出だ。

美術は朝倉摂《あさくらせつ》。「東洋のロダン」と呼ばれた彫刻家、朝倉文夫《ふみお》の娘で、画家でもある。舞台美術においては、既成概念を打ち破る表現で小劇場から商業演劇まで幅広く活躍していた。

だが、役者二人だけという構成に合わせて舞台セットもいたってシンプルである。ソファー、テーブル、スタンドライトと電話ボックスが一台だけ。この電話ボックスは私の案で、実際に渋

渋谷公園通りの公衆電話（2023年2月現在）

谷公園通りに立っていた赤い珍しいものをモチーフにし、朝倉にデザインしてもらった。公園通りのシンボルをステージにも置くことで、観客に「あ、ここは渋谷の街なんだ」という臨場感を持ってもらう狙いがあったのだ。

　しかも、舞台に登場する二人の男女には役名がない。役者はお互いに「あなた」「きみ」などと呼びあうだけだ。これも観客に「まるで私たちの話みたい」と、自分自身を投影してもらうための仕掛けのひとつだった。

　ストーリーの中盤でナナと細川のショータイムになると、後方のカーテンを割って七人編成のバンドが登場。海外のスタンダードナンバーや流行歌、ミュージカルソングをまじえたメドレーが三〇分ほど繰り広げられる。バンドを率いるのは、ザ・ピーナッツをはじめ数々のヒット曲を世に送り出している作曲家、宮川泰《みやがわひろし》だ。渡辺プロにも大きく貢献してきた先輩である宮川は、ピアノ演奏、音楽監督、編曲をこなし、嬉々として『ショーガール』に参加してくれた。

　そして舞台の後半、男と女のラブストーリーは、ハッピーエンドで終わる。観る人に心からハッピーな気分になってもらえるようにと、渡辺プロとパルコのスタッフが一丸となって大人のエンタテインメントショーを創りあげたのだ。

前年の中東戦争の影響で日本にもオイルショックが波及し、戦後の高度経済成長に大きくブレーキがかかった。値上げ、失業、倒産……。暗いニュースが増えた。そんな時勢にこうしたショーが人々に少しでも勇気や力を与えてくれたらいい。観客席の一隅で私はそう願っていた。舞台とは日常を忘れるための「魔法の時間と空間」なのだから。

真夏の夜遅くにおこなわれた初公演。まだ観客の入りは少なかったが、私は役者二人のはつらつとした演技に成功を予感した。

事実、『ショーガール』の人気は上昇していったのである。公演のたびに二人の演技もヒートアップしていく。華やかなムード全開のナナを、六歳上の細川がしっかり支えていた。どうしたらナナがもっと輝けるか。そのための自分の立ち位置を彼は知っていたのだろう。直球の女と変化球の男という絶妙のコンビ。たった二人でも舞台狭しと一〇人分も動き、跳ね回るようなショーだった。

ドサッ！

ある夜の公演後、幕が降りたとたん、舞台に異様な音が響いた。主役の二人が同時に倒れたのだ。仲良く「完全燃焼」したのである。それぞれの控室に運ばれ、すぐに医者が呼ばれた。みんながヒヤヒヤしたが、幸い二人ともすぐに回復した。

芝居、歌、ダンスをすべて二人だけでこなす。その過酷さは想像以上のものだったろう。現在

『ショーガール』
全16作品のチラシ

No. 3 「3 年目の浮気」
(1975 年)

2 nd(1974 年)

第 1 回 PARCO ディナーショー
PM 9：55 劇場「ショーガール
SHOW GIRL」(1974 年)

No. 5 「真夜中のパーティ」
(1976 年)

No. 4 「女の害について」
(1976 年)

No. 8 「第 2 章・書きかけ
の童話」(1979 年)

No. 7 「離婚友だち！」
(1978 年)

No. 6 「わたしの可愛い
ひと」(1977 年)

No. 11 「ラブストーリー・レッスン」(1983 年)

No. 10 「サヨナラを言うまでは」(1981 年)

No. 9 「男嫌い・女嫌い」(1980 年)

No. 14 「恋の引越し物語」(1986 年)

No. 13 「ベスト・フレンド物語」(1985 年)

No. 12 「LOVE・二都物語」(1984 年)

No. 16 「また逢う日まで」(1988 年)

No. 15 「幕が降りても！」(1987 年)

なら役者の健康管理にも十分配慮すべきと言われるだろうが、当時の私たちは、あえて二人の若さとプロ魂に懸けていたところがある。

いつしか主役たちは、互いにこんな約束を交わすようになった。

「二人が会うのは舞台の上だけにしましょう」

一緒に食事に行くようなことは一切しない。なれ合いになることを避け、「毎日が初日」の気持ちを忘れないためだ。まさにプロ魂だった。

トロフィーなんか飾るな！

木の実ナナ、細川俊之の不動のキャストで、『ショーガール』は渋谷PARCO恒例の一二月公演となった。まだSNS（ソーシャル・ネットワーキング・サービス）など影も形もない時代だから、その評判は直接の口コミに支えられていた。それだけ渋谷にカップルや若者が集まるようになった証ともいえるだろう。『ショーガール』のシリーズ上演は、PARCOを渋谷の顔として定着させていくことにも貢献できたようだ。

「イケちゃん、どうだ、当たっただろう！」

増田専務の誇らしい顔を見るたびに、私も誇らしい気分になった。

ショーの新鮮さを維持するため、『ショーガール』はストーリーも使用曲も毎回変えていた。選曲は宮川泰宅でおこなった。

「イケちゃん、こんどは何の曲がいい？」

ピアノを前にした宮川に聞かれる。多忙なプロデュース業の合間の楽しいひとときだった。

だが、一九八七年のシリーズ一五作目「幕が降りても！」を公演したころ、私は悟った。

「もう、このシリーズは終わりにすべきだ」

会場は相変わらず満席だったが、スタッフ、キャストなどさまざまな点でマンネリを感じたのだ。脚本の福田陽一郎もストーリーづくりで苦戦しているのが手にとるようにわかった。

なによりも木の実ナナが『ショーガール』にしがみついていると、勢いがなくなったとき他の作品に移ることができなくなるという恐れがあった。

このとき私はすでに渡辺プロを去り、プロデュース会社「アトリエ・ダンカン」を運営していた。マネージャーと経営者の両方の立場から俳優のことを気にかけていたのだ。ナナには、いつも白紙で新しいことにチャレンジしてほしかった。

ある日、ナナのマンションを訪れた私は、玄関を入って中を見たとたん言い放った。

「トロフィーなんか飾っていないで、押し入れにしまってしまえ！」

心を鬼にした一言だった。受賞のトロフィーや記念品というものは、もらったことだけ喜んでいればいいのだ。それを眺め暮らしていてどうする。

ナナは納得したらしく、すぐにそれらを片付けた。

「終わりにしよう」という私の意見を、やがてスタッフたちも受け入れてくれた。一四年間にわたり新作を発表し続けた『ショーガール』は、一九八八年の一六作目「また逢う日まで」をもってラスト公演となったのである。

「終わるのは惜しい」と、お客さんが言ってくれるうちに幕を降ろしたほうが、その輝きはいつまでも残るだろうと信じていた。

第2章

沢田研二を「血」に染める

渡辺美佐を絶句させたポスター

「なに？　この変なポスターは⁉」

目鼻立ちのはっきりした渡辺美佐副社長の顔に、驚きとともに強い怒りが現われた。

やはり、ただじゃすまないな――。

私は小柄な体がさらに縮むような思いがした。一九七四年のある日のことだった。渡辺プロのオフィスの壁に貼られた一枚のポスター。その前で副社長が立ち尽くしていたのだ。

そこには、イラストで三人の人物が描かれていた。着物の裾をはだけた女が片肘をついて横たわり、窓の外には二人の男が親しそうに体を寄せ合っている。若いほうの顔はあきらかに、渡辺プロが誇るスターのひとり、ジュリーこと沢田研二だ。おまけに、流し台からは血のように真っ赤な水があふれ出している。

ポスターのタイトルは『唐版 滝の白糸』とある。唐とは劇作家、唐十郎《からじゅうろう》のこと。一九六〇年代に、いわゆる小劇場のムーブメントが起きたが、唐はその代表格となるアングラ劇団「状況劇場」を二〇代から率いてきた。従来の劇場から飛び出し、「紅《あか》テント」によって街のなかに芝居を持ち込み、演劇界に旋風を巻き起こしてきた男だ。

そもそもこの時代には、演劇のポスターといえば役者たちの写真で飾られるのが一般的だった。しかし、会社の了承を得ずに私が完成させたこのポスターの画風は、あまりにも前衛的だったのだ。デザインは、「クマさん」の愛称で呼ばれる芸術家、篠原勝之《しのはらかつゆき》である。「状況劇場」のポスターを多く制作していた。

副社長を絶句させたポスターは渡辺プロの同僚からも猛反発を食らった。独断で『唐版 滝の白糸』の企画を進め、舞台経験のない沢田研二をいきなりアングラ演劇に起用するという「暴挙」は、とうてい受け入れられなかったのだ。

『唐版 滝の白糸』(1975 年)

だが、それまで沢田を大ホール、野外ホールなどで歌わせ、トップアイドルとして順当な道を歩かせてきたマネージャーの私が、なぜこのような「暴挙」に出たのか。

時代を斬る唐十郎の誘惑

沢田研二の出演依頼を申し入れてきたのは唐十郎だった。

その唐を紹介してくれたのは、私がマ

ネージャーをしていたミュージシャン内田裕也《うちだゆうや》だ。内田は、私が「状況劇場」のファンであることを知っていたのだ。

「沢田研二を、ぜひ李礼仙《りれいせん》(のち麗仙)の相手役に使わせてください」

帝国ホテルのロビーで、初対面の唐は熱っぽく語ってくれた。李礼仙は、「状況劇場」の看板女優だ。アングラの女王とも呼ばれる個性派で、当時は唐の妻でもあった。

ファンであり同い年でもある唐十郎と話す機会を得られ、しかも自社タレントの出演依頼を受けたことで、感激は大きかった。以前から私は、多忙な仕事のかたわら、わずかな時間を見つけては「状況劇場」の公演に足を運んでいたのだ。

初めて観た舞台は、上野・不忍池《しのばずのいけ》だった。あまりにも大胆な演出に衝撃を受けた。オープニングでテント前方の幕が上がると、本物の不忍池が見えてくる。するとその池の中から、ひとりの役者が傘をさして現われ、ずぶ濡れのまま舞台に上がってきたのだ。劇が盛り上がってくると、テントの内側に張り巡らされた導線に沿って、ねずみ花火が縦横無尽に走り回る。あるいは静かなシーンの最中、酔っぱらった客が大声でやじを飛ばし始めると、客席の両脇から役者が飛んできてその客をひっぱたき、テントの外へ引きずり出した。

こんな演劇、観たことない!

予定調和をぶちこわすような展開と、異様な高揚感に満ちた唐十郎の世界。音楽で言うなら、まさに内田裕也の口癖でもある「ロケンロール!」だ。時代の一歩先を考えることを心がけていた私は強い共感を覚えた。

冷静に考えれば、会社がトップスター沢田研二のアングラ出演を許すはずがない。そう予想しつつも、唐からオファーを受けて舞い上がった私は、「絶対にやります」と約束してしまったのだ。

しかし、ポスターを見た美佐副社長が怒りをあらわにしたことで、さすがに意気消沈してしまった。

「すみません、やはり無理そうです……」

新宿のバーで私は悔し涙を浮かべ、唐に謝った。苦い酒だった。街のネオンもにじんで見えた。

だが、唐十郎は並のクリエイターではなかった。

「いや、できる！　おれは池田さんを信頼していますよ」

豪胆な男だった。時代に斬りこむような武勇伝に事欠かない。東京都の中止命令を無視して新宿中央公園に「状況劇場」のテントを建てて公演を強行したり、寺山修司《てらやましゅうじ》が率いる「天井桟敷」と乱闘騒ぎを起こしたり。自らの作品を彷彿させるような度肝を抜く生きざまで知られていた。

そもそも小劇場の台頭は、戦後の新劇が定型化し忘れかけていた新時代のエネルギーの発露でもあったのだ。

同時に、唐の澄んだ目は深い知性をも感じさせた。

「おれの脚本で、必ず沢田研二の新しい才能を開花させてみせます」

その言葉は決してハッタリには聞こえなかった。

そうだ。つねに好奇心や先見性をもって新しいことにチャレンジしていくのが芸能プロダクションのあり方ではないか――。

やる前から逃げていてはだめだ。「これを見せたい」という気合いを忘れず、何か起きたら自分が引き受ける覚悟がなければ、大きな企画は動かせない。

そう思い返し、唐と再び約束の杯を交わした。

灰皿が飛ぶ！　蜷川幸雄の演出

「ぼく、池田さんについていきます」

沢田研二は、終始そう言ってくれた。一九六七年にザ・タイガースでデビューした当初から、私は彼らのマネージャーを担ってきた。都内のアパートにメンバーと同居したこともある。沢田はソロ歌手となってからも『危険なふたり』や『追憶』などを大ヒットさせていた。当時二〇代半ば。憂いをふくんだような大きな目で、自身の無限の可能性を見つめていた。

私は渡辺プロに遠慮することなく、沢田のアングラ出演に向けて突き進んだ。

心強い味方とも出会うことができた。とりわけプロデュースに関しては、葛井《くずい》欣士《きんし》郎《ろう》に協力する形で進められたことが大きかった。ベテランの葛井は、一九六〇年代初頭に誕生したアート系映画会社ATG（日本アート・シアター・ギルド）の作品を上映する映画館「アートシアター新宿文いた。

化」の総支配人で、映画製作者でもある。彼はその映画館の地下にアングラ小劇場「蝎座《さそりざ》」も開

その「蝎座」で六九年に演出家デビューし、人気を高めていた蜷川幸雄《にながわゆきお》が『唐版　滝の白糸』でも演出を担当することになった。この劇場にも足を運んでいた私は、蜷川と一緒に仕事をしたいと思っていたので幸運な出来事だった。

「灰皿が飛んでくる」という噂どおり、下北沢の小さな稽古場を見にいくと、やはり蜷川は役者たちに「このやろー！」と金属製の灰皿を投げつけていた。

血気さかんな演出家ではあったが、主演の沢田研二には常に優しく接してくれた。

『唐版　滝の白糸』の公演日は一九七五年三月一一日から一六日の六日間と決まる。本格派アイドル沢田の〝アングラ〟デビューの時は近づいていた。

沢田の起用に関して美佐副社長からは引導を渡されていたものの、渡辺晋《しん》社長にはほとんど無視されていた。彼は、黙っている時のほうが怖かった。

大学浪人時代、新宿ACBでアルバイトをしていた自分に目をかけてくれて以来、一五年あまり渡辺プロに籍を置いてきた身にとって、晋社長はつねに尊敬すべき目標だった。ふだんは穏やかだが、仕事に向かう時の鋭さ、攻める力、外部に対する交渉力などは、これ以上ないようなお手本である。

それを見習うからこそ、私はこの『唐版　滝の白糸』を何が何でもやり抜こうとしていたのだ。

同時期にプロデュースしていた『ショーガール』も、もちろん同じ気持ちで取り組んでいた。

アングラとショービジネスの出会い

ついに『唐版 滝の白糸』の開演日となった。

会場は、調布市の大映東京撮影所大スタジオ。終戦直後から大手映画会社の一角をになう大映が、数々の作品を生み出してきた場所だ。この一〇〇〇人規模の会場に盆と正月が同時にやってきた。なにしろ今をときめく〝ジュリー〟の主演である。ふだんはアングラ演劇に興味もないような若者たちが押し寄せたのだ。

けれど、それでいいと思った。沢田研二の新しい一面を見てもらえるばかりか、より多くの人にアングラの魅力を知ってもらえる機会になるはずだから。

公演中、私はスタジオの入り口でクマさんこと篠原勝之と一緒にチケットのもぎりをした。ファンの反応にも注意し、終演後の会話もチェックしたのだ。

「本物のジュリーがこんな目の前に！」

「ビックリよね！」

率直な感想が飛び交っていた。こうした地道なリサーチも、プロデュースという仕事の一環なのだ。

舞台上には、本物と見まがうほど細部まで作り込まれた長屋が左右にカーブするように並んで

『唐版 滝の白糸』の舞台(アトリエ・アサクラ提供)

いる。あたりに散らばる大小のがらくたなどもリアルだった。『ショーガール』と同じく美術を担当してくれた朝倉摂の傑作である。

劇中では長屋の真ん中が割れ、その奥からクレーンに乗って李礼仙が現われる。かと思えば、客席の後方から、なだらかな坂を上って沢田研二が登場。

クライマックスでは李礼仙が手首を切り、沢田の白シャツが鮮血に染まる。もちろん本物の血ではないが、会場は思わず息をのんだ。

泉鏡花《いずみきょうか》の『義血俠血《ぎけつきょうけつ》』を原作とするこの劇は、大正時代からたびたび映画化されてきた。とくに大映では三本ほどが撮られている。水芸で評判の高い女芸人と、乗合馬車の御者が出会う場面で始まり、恋と出世と殺人がおりなす数奇な運命の物語を、唐十郎がさらに大胆に脚色し、不条理に満ちた世界を描いた。

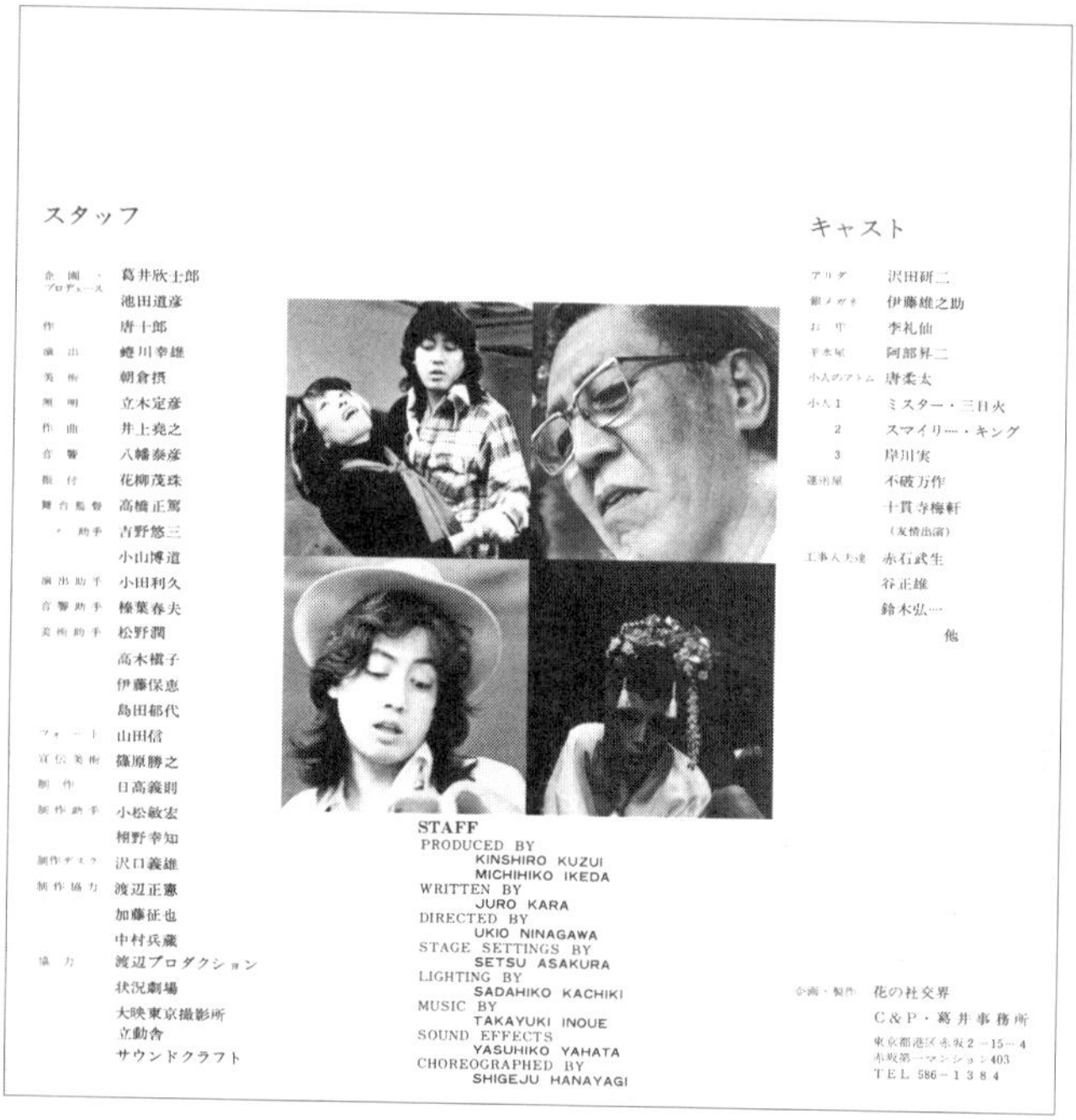

『唐版 滝の白糸』のパンフレットより（同前）

舞台初経験の沢田は、真面目で純粋な青年アリダを繊細に演じた。多くの映画で名脇役を務めるベテラン伊藤雄之《ゆうの》助《すけ》も、印象的な悪役ぶりで沢田のみずみずしさを際立たせた。

開演までに紆余曲折はあったが、新しいジュリーを多くの人に見てもらうことができて、私は満足だった。この公演はアングラ界とショービジネス界との幸福な一期一会だったように思う。

唐十郎宅の稽古場でおこなわれた打ち上げも、これまたアングラ的だった。大久《おおく》保《ぼ》鷹《たか》、四谷《よつや》シモンらの役者が、天井から逆さまにぶらさがったまま歌謡曲を歌って大いに場を盛り上げた。対照的に根津甚八《ねづじんぱち》や小林薫《こばやしかおる》は、遠慮するように隅のほうで小さくなって飲んでいた。唐の長男で、まだ少年だった大鶴義丹《おおつるぎたん》もすでに「状況劇場」の団員だった。

公演を無事に終えた安堵感と宴のにぎやかさで酔いのまわった私は、気がついたら窓に駆け寄り、外に飛び出すようにして両手を広げ、「いくぞーっ！」と叫んでいた。

驚いたみんなは、このプロデューサーを部屋の中へ引っ張り戻してくれた。

こうしたアングラとショービジネスの刺激的な出会いは、のちに私が立ち上げたアトリエ・ダンカンに、根津甚八が所属タレントとして加わるなどの機縁にもなったのである。

渡辺プロを飛び出す

『唐版　滝の白糸』の公演後まもない一九七五年四月、悲しい別れが待っていた。ザ・ピーナッツの引退だ。渡辺プロ草創期から一六年間にわたって第一線で活躍し続けた伊藤エミ・ユミの双子のデュオ。そのデビューと同時期に入社した私は、『ふりむかないで』『恋のバカンス』『ウナ・セラ・ディ東京』『恋のフーガ』などヒット曲を連発する彼女らをマネジメントしてきた。二人は、引退の決意も私にだけは前年から打ち明けてくれていたのだ。

芸能という海に鮮やかな航跡を残し、ザ・ピーナッツという船は錨をおろした。時という波は、いやおうなく打ち寄せてくるものだ。もちろん自分自身にも……。

私は、当時の渡辺プロの方針に大きな疑問を感じるようになっていた。

終戦直後からジャズミュージシャンとして活動した渡辺晋は、芸能人を日雇いのような身分から解放しようと、現代的な芸能ビジネスに着手。一九五五年に二七歳で渡辺プロを創業し、日本で初めての月給制を採用して多くのタレントをプロデュースしてきた。テレビ番組や映画作品を自社制作し、レコードの原盤権を所有するなど、その経営手法は革新的だった。

だが、七〇年代のこのころは、会社が大きくなったことで会議も増えていた。エンタメ志向で自由にやりたい若手社員たちにとっては息苦しい状況になっていたのだ。

彼らは次々に社を辞めていった。

一九七八年、私は社長に系列会社の提案をした。

自分のやりたいことを実現するには、スタッフ、タレント合わせて三〇人でやっていくのが限度だと感じていたのだ。

「ダメだ」

晋社長は受け入れなかった。

それからまもなくして、私は再び社長に告げた。

「会社を辞めたいと思います。自分のプロダクションを創ります。認めてください」

「そうか」

彼は静かに了承し、

「外部に通知を出していいぞ」

と言ってくれた。

辞めていく社員には今まで言わなかった言葉だろう。私を正式な独立第一号と認める証拠だと受けとめた。いろいろあったが、最後は本来の穏やかさで背中を押してくれた晋社長だった。

それなりの自信はあった。すでにプロデュースを続けている木の実ナナ主演の舞台『ショーガール』は、定期公演が五年目に入り、安定した人気を得ていた。

とはいえ、渡辺プロという大船団から離れるのだ。ごく小さな船でのスタートにはちがいなかった。

さて、この船の名前は何にしようか——。

汽笛を鳴らしたアトリエ・ダンカン号

渡辺プロを退社したあと、私は単身パリへ向かった。

異国の街角に着いた私は、一軒の画廊《アトリエ》に入り、女主人にたずねた。

「奥は何ですか?」

そこには小さなステージとピアノがほこりまみれになっていた。壁にはイザドラ・ダンカンの肖像写真が掛けてある。

「昔、ダンカンがここで踊っていたのよ」と女主人は教えてくれた。

サンフランシスコで生まれ、一九〇〇年にパリでデビューしたダンカンは、旧来の舞踏のイメージを覆した伝説的ダンサーだ。伝統を脱ぎ捨てるように、靴をはかず奔放に踊るその姿から「裸足のイザドラ」と呼ばれた。

狭い画廊ながらホールの天井は高く、ガラス窓を見上げると、パリの空から光が射し込んでいた。

私はその光にインスピレーションが湧いた。

宿に帰ると、東京にいるスタッフに国際電話をかけた。すでに渋谷区神宮前のマンション内にオフィスを借りていたのだ。

「決めたよ。事務所の名前はダンカン。そう、アトリエ・ダンカンだ!」

所属タレント第一号は、盟友ともいえる木の実ナナだ。彼女もやはり私に続いて渡辺プロを離れたのだった。

パリへの一人旅を機に、独立の汽笛が高らかに鳴ったように思えた。

イザドラ・ダンカンのように、自分も裸足でチャレンジしていこう。

成田に到着するや私の足は、旅行カバンを引っ張ったまま自宅でも事務所でもなく銀座の雑踏に向かった。さて、その行き先は?

第3章

やってきた“劇場の時代”

金子由香利とシャンソンを解き放つ

渡辺プロ退社後、パリの一人旅から帰国した私は、空港を出ると銀座へ直行した。目指すはシャンソン喫茶「銀巴里《ぎんぱり》」。一九五一年の開店以来、コーヒー一杯でシャンソンが聴ける、ファンにとっては聖地というべき店だ。美輪明宏や戸川昌子《とがわまさこ》がここで歌い、名を成してきた。シャンソンも好きだった私は、しばしばここを訪れていた。

お気に入りの歌手は金子由香利《かねこゆかり》で、すでに顔見知りにもなっていた。ささやきを用いた彼女独自の歌い方にひかれていたのだ。

「金子さん、渋谷PARCOでリサイタルをやりましょう!」

シャンソンの本場パリの香りをまとった気分で帰国した私は、興奮ぎみに声をかけた。社名を決めたばかりのアトリエ・ダンカン最初のプロデュース公演になると確信していた。

「そうねえ……」

当時のエンタテインメントの世界でシャンソンはまだ一般的とは言えなかった。即答はしないものの、彼女は前向きな意思をのぞかせた。

「もっとシャンソンを広めましょうよ。新しい文化の街で若者にも聴いてもらいましょう」

説得を続け、ついに本人の承諾を得ることができた。

ところがその後、「銀巴里」に顔を出すと、店の社長から罵声が飛んできた。

「部外者がシャンソンの世界にズケズケと入り込んで荒らすんじゃねえ！」

違う――と思った。金子由香利が渋谷PARCOでリサイタルを開けば、これを聴いた一般のお客さんが「銀巴里」にも通うようになる。シャンソン界も活気づくはずだ。いつまでも〝地下〟に潜んでいないで、地上の光にも触れなければ未来はない。

私は「銀巴里」の社長の横やりを無視してリサイタルに踏み切った。

そして一九七九年三月、「PARCO西武劇場」でおこなわれた『金子由香利リサイタル 公園通りのシャンソニエ』は大盛況だった。シャンソンが、この街には新鮮に感じられたことが功を奏したようだ。

タイトルにある「公園通り」とは言うまでもなく渋谷公園通りのこと。発展を続ける渋谷の象徴ともいえるこの場所に、シャンソン歌手が進出したことをアピールするためだ。

金子由香利の『公園通りのシャンソニエ』は、『ショーガール』とともに渋谷PARCOでの定期公演となり、一九八六年まで続いた。「時代はPARCOだ！」と、ふだんは厳しい表情で部下をけしかけているパルコの増田通二専務も、私には笑顔をのぞかせた。

『金子由香利リサイタル 公園通りのシャンソニエ』の定期公演で金子が人気上昇中の一九八二年、私はさらに大きな賭けに出た。

パリ祭の七月に合わせ、「NHKホール」で金子由香利のコンサートをやろう。「NHKホール」といえば、単独で満員にできるのはトップアイドルか大物演歌歌手くらいだ。それでも思い切ってNHKに掛け合った。

パリ祭というテーマにインパクトがあったらしく、即OKが出た。

「由香利さん、決まりましたよ。NHKホールだ！」

「ほんとうですか？」

彼女は信じられないという顔をした。

当時は一〇代のアイドル歌手やニューミュージック勢の全盛期だった。そんな音楽シーンにあって、シャンソン歌手は異色中の異色だっただろう。それでも「NHKホール」の『金子由香利巴里に唄う』は、シャンソンファンをはじめPARCOでのファンや一般客で埋まった。

「銀巴里」でのキャリアと大人の貫禄を見せて切々と歌いあげるシャンソニエ。彼女との二人三脚で、私は願いどおりシャンソンを〝地上〟の世界へ解き放つことができたのだ。

先輩プロデューサーからの依頼

『ショーガール』や金子由香利のリサイタルが定番となることで、ありがたいことにショービジネス界におけるアトリエ・ダンカンの信頼も増していったようだ。一九八〇年代後半から大きな仕事が舞い込むようになった。

まずは八七年の『ソールジャーズ・プレー　兵士たちのブルース』。ブロードウェイや映画で話題になっていた作品だ。

これは、戦前から活躍していた演劇プロデュースの大先輩、本田《ほんだ》延三郎《えんざぶろう》の依頼だった。八〇歳近くになっていた彼は、自分はもうプロデュースできないので、同じプロデューサーの安澤哲男《やすざわてつお》と一緒にやってほしいとのことだった。

依頼という形では、独立後の私にとって最初の演劇プロデュース作品である。キャスティングは常識にとらわれず、今までにない〝異種格闘技〟にしたいと思った。永島敏行《ながしまとしゆき》、渡辺裕之《わたなべひろゆき》、石田純一《いしだじゅんいち》といった舞台経験のない役者、『涙をふいて』などのヒットシンガー三好《みよし》鉄生《てっせい》、そして上條恒彦や、NHKドラマ『中学生日記』の先生役でも知られていた湯浅実《ゆあさまこと》などベテラン俳優との異色の組み合わせになった。

舞台両サイドで、井上《いのうえ》堯之《たかゆき》と速水《はやみ》清司《きよし》が生ギターをつま弾く。原作の訳は『ショーガール』からの縁がある小田島《おだしま》雄志《ゆうし》・若子《わかこ》夫妻にお願いした。

第二次大戦下のアメリカ陸軍に初めて組織された黒人中隊。その部隊につくられた野球チームのコーチでもある軍曹が何者かに殺される。人種差別の渦巻くなかで捜査が進められるというヒューマンミステリーだ。

「新宿コマ劇場」の地下にあった「シアターアプル」で、同年一一月に五日間の短期公演。収益はトントンだったが良い体験と挑戦ができたと思う。

そしてこの一九八七年には、「銀座セゾン劇場（のちル・テアトル銀座）」が誕生。光栄にも私は、そのオープニング企画をまかされたのである。

こけら落としは和製オペラで

「銀座セゾン劇場」の前身は、一九五〇年代から洋画の大作を上映してきた「テアトル東京」だった。一九八一年に閉館し、銀座テアトルビルに改築され、その三階に「銀座セゾン劇場」がオープンしたのだ。

歴史ある場所でのこけら落としはオリジナル作品がいいと考えた。

しかも、和製オペラ風でゴージャスに行こう。

音楽へのこだわりが強い私は、そんなイメージを膨らませた。

「イケちゃん、おれにやらせてくれ」

知り合いの脚本家である市川森一《いちかわしんいち》に相談すると、そう快諾された。二歳下の市川とは、沢田研二、萩原健一、木の実ナナらが出演するテレビドラマを通して懇意になっていたのだ。特撮のウルトラマンシリーズ（TBS）や探偵ドラマ『傷だらけの天使』（日本テレビ）をはじめ、NHKの大河ドラマ『黄金の日日』などの脚本で注目を浴びた売れっ子である。その市川と打ち合わせを重ね、布教のため日本へ向かうイエズス会宣教師を主人公とし、安土城や本能寺の変の前後の時代を描く物語に決めた。

脚本を進めるのと同時進行で、私はメインキャストとスタッフを選んでいった。沢田研二は織田信長の息子の信雄《のぶかつ》役。『唐版 滝の白糸』で演劇デビューして以来、歌唱とは別の魅力で舞台を彩ってきた。沢田の相手役(宣教師)に、市川の後押しで抜擢されたのが役所広司《やくしょこうじ》だ。NHKの水曜ドラマ『宮本武蔵』で主役を務めるなど、時代劇を中心に活躍を続けていた。

演出には加藤直《かとうただし》。唐十郎の「状況劇場」や寺山修司の「天井桟敷」とともにアングラ演劇を牽引してきた、通称「黒テント」の座付き作家だ。そのオペラ風の演出と笑いのセンスを私は見込んでいた。

作曲は、宮崎駿《みやざきはやお》監督のアニメ映画『風の谷のナウシカ』などで音楽を手がけ、注目されていた久石譲《ひさいしじょう》である。舞台音楽は未経験だったが私が頼み込んだ。

そして舞台美術はベテラン妹尾河童《せのおかっぱ》に依頼し、万全を期した。

タイトルは『楽劇　あづち――麗しき魔王の国』、公演は一九八七年一〇月と決まった。

ところが、開演初日が近づくにつれ、私は大きな不安に襲われるようになった。

市川森一の脚本が来ない！

「えっ？　まだ、それだけ？」

受話器を持ったまま私は、しばし絶句した。

「いやあ、話が大きくなってしまって……」

電話の向こうで、申し訳なさそうな声の脚本家。

市川森一の脚本が大幅に遅れているのだ。当初の打ち合わせよりも構想が膨らみ、変更が多くなったようだ。原作のないオリジナル作品にありがちな、ゴールの見えない難しさとも言えるだろう。

電話をしながら私はある「事件」を思い出し、いっそう焦りが増してきた。

この数年前の舞台作品のことである。脚本を手がけていたのは、日本を代表する劇作家のひとり、井上ひさしだった。私のプロデュースではないが、主催がPARCOと「五月舎《ごがつしゃ》」で木の実ナナが配役されていたため、事情をよく知っていた。

いくら待っても、井上の脚本があがってこない。関係者はハラハラ、イライラ。

「だめだ、間に合わない！」

公演直前、作家はついにギブアップを告げた。

当然公演は中止となり、チケットの払い戻し、違約金などが発生。井上は責任を感じ、自宅を抵当に入れて補償におよんだそうだ。

「遅筆堂《ちひつどう》」というペンネームを名乗っていた井上ひさし。その自宅を私は何度か訪れたことがある。机だけがやっと入るような狭い書斎で、彼は呻吟《しんぎん》し、血を吐くような思いで数々の傑作を生み出してきた。

だが、時は止まってくれない。役者がそろい、舞台セットが完成しても、脚本ができなければ幕を上げることはできないのだ。最も無念だったのは本人だろう。書斎での井上の姿を思い浮かべ、私はいたたまれない気持ちになったものだ。

もはや他人事ではなかった。プロデューサーは脚本家をリードしなければいけない。しかし、市川の脚本は上がってくる気配がなかった。

打つ手は限られていた。

「すみません！　今から脚本も書いてくれませんか。万一のためです」

私は演出の加藤に頭を下げた。

「わかりました。ひそかにね」と了解してくれた。

『楽劇　あづち』(1987年)

そしてプロデューサーの私は、二人の間を行ったり来たり。死に物狂いだった。なにしろ大劇場のオープン記念公演である。『楽劇　あづち』は早い段階から大宣伝されていた。ギブアップは許されない。

もうあとがないリハーサル開始のその日。

「やっと間に合ったよ、イケちゃん！」

市川がようやく脚本を持って来たのだった。私は胸をなでおろした。

いったんは脚本を進めていた加藤も理解してくれて、本来の担当である演出プランを俳優やスタッフたちに説明し、稽古が始まった。

壮麗な安土城を築き、織田信長が天下統一の仕上げに入っていたころ、キリスト教布教の使命を背負った若い宣教師が日本を目指す。船旅の途中、彼は瀕死の床で不思議な夢を見る。やがて信雄と出会った宣教師の運命は――。

歌と芝居が一体化した、ロック色あふれる舞台は、沢田研二をはじめ、天宮良《あまみやりょう》、桑名《くわな》正博《まさひろ》、上條恒彦、森公《もりく》美子《みこ》など音楽センスに優れた役者たちによって大いに盛り上がり、劇場は二七日間にわたって満員となった。

演出、演技、音楽、美術ともみんながていねいな仕事をしてくれたことで、記念すべき「銀座セゾン劇場」のオープニングを無事に飾ることができた。私は感謝しきりだった。

どうしても悔やまれるのは、脚本づくりで意思の疎通がうまくいかず、相手まかせになってしまったことだ。市川森一は今回が初めての舞台作品だったせいもあり、小説のように難解な内容と展開になってしまった。私はそれをハンドリングしきれなかったのだ。原作を脚色するのとは違う、オリジナル作品の難しさも痛感した。しかも、大きな企画、大きな公演になるほど、あらゆるセクションが一瞬の油断も許されない。

まだまだプロデューサーとしては経験不足だな。

そう思わずにはいられなかった。

相次ぐ新劇場からのオファー

一九八〇年代後半、長期にわたる日本銀行の金融緩和などによって土地の値段や株価は、うなぎ登りとなっていた。のちにバブル景気と呼ばれるこの時期を中心に、企業系の劇場が相次ぎ誕生していく。大手企業が演劇界をバックアップする〝劇場の時代〟がやってきたのである。

アトリエ・ダンカンのプロデュースによって、一九八七年に『楽劇　あづち』でオープニングを飾った「銀座セゾン劇場」は、西武セゾングループの施設だった。そして八九年には、東急グループの「シアターコクーン」が開館。ここでもアトリエ・ダンカンは、オープニング記念企画のオファーを受けたのだ。

「シアターコクーン」の申し入れを受けた私は、芝居やミュージカルよりも、当時アトリエ・ダンカンに所属していたショーケンこと萩原健一のソロコンサートを提案した。そのほうがオープニングらしい話題を呼び、客も集まると思ったからだ。かくして一九九〇年九月、『萩原健一ロックコンサートR　コレラの時代の愛』が幕をあけた。

オープニングでは、「状況劇場」の手法を借り、観客を仰天させるような演出を試みた。劇場のホリゾント(背景用の幕)を外し、奥の物をどけ、裏の駐車場も空《から》にして、渋谷の東急本店通りが客席から見えるようにしたのだ。井上堯之のギターとミッキー吉野のキーボードによるイントロが流れ始めると、その通りを歩いてきたショーケンが駐車場に入り、さらに舞台に向かってきて、ついにセンターに立って歌いだす。あとはショーケンの歌の世界だ。

　グループサウンズ時代にザ・テンプターズでデビューしたショーケン。今回はソロシンガーとしてかなり気合いの入ったステージとなった。お客さんも大いに沸き、みごとに「シアターコクーン」のオープニングを飾ることができた。

「やった！　やった！」

　楽屋に戻り、うれしさを爆発させる四〇歳。ショーケンがこんなに喜んだのを見たのは久しぶりだった。ちなみに、コンサートの副題にした『コレラの時代の愛』とは、私の好きなガブリエル・ガルシア＝マルケスの小説のタイトルであり、ショーケンや公演内容とはまったく関係がなかった。こんな〝遊び〟ができたのも、勢いまかせのバブル期ならではかもしれない。

　さらに一九九三年には、天王洲《てんのうず》アイルに誕生した「アートスフィア（現・天王洲　銀河劇場）」のオープニング企画を託された。再開発が続けられる東京湾に臨む新しい劇場である。私の頭には香港の夜景が浮かんだ。いつも水辺の景観が美しい天王洲アイルを、「一〇〇万ドルの夜景」で知られる香港のように見せたいと考えたのだ。イギリスから中国への返還を数年後に控えていた香港は、つねにエキサイティングな顔を見せていた。そのアイデアは、若き演出家として注目を集めていた宮本亜《みやもとあ》門《もん》（のち亞門）が腕をふるうラブサスペンス『ミュージカル　香港ラプソディー』として実現した。

　原作は、香港をメイン舞台にした西木《にしき》正明《まさあき》の小説『スネークヘッド』だ。スネークヘッドとは、香港の闇にうごめくシンジケート。旧日本兵から日記を受け取った日本人ジャーナリストが、旧日本兵の息子をさがすため、難民や娼婦が徘徊する香港の魔窟へ向かう……。この構成をもとに、アジアの香り豊かなラブサスペンスストーリーを持つオリジナルミュージカルを創ろうと決めた。

宮本と話しあい、オペラ形式のミュージカルにして、音楽をディック・リーに依頼することにした。シンガポール出身のリーは、欧米風のポップスにアジアのサウンドを取り入れて注目を集めているミュージシャンだ。

いろいろなツテを使い、リーのOKを得ることができた。帝国ホテルに滞在してもらい、キーボードを持ち込み、宮本も一緒に三人で打ち合わせを進めていく。

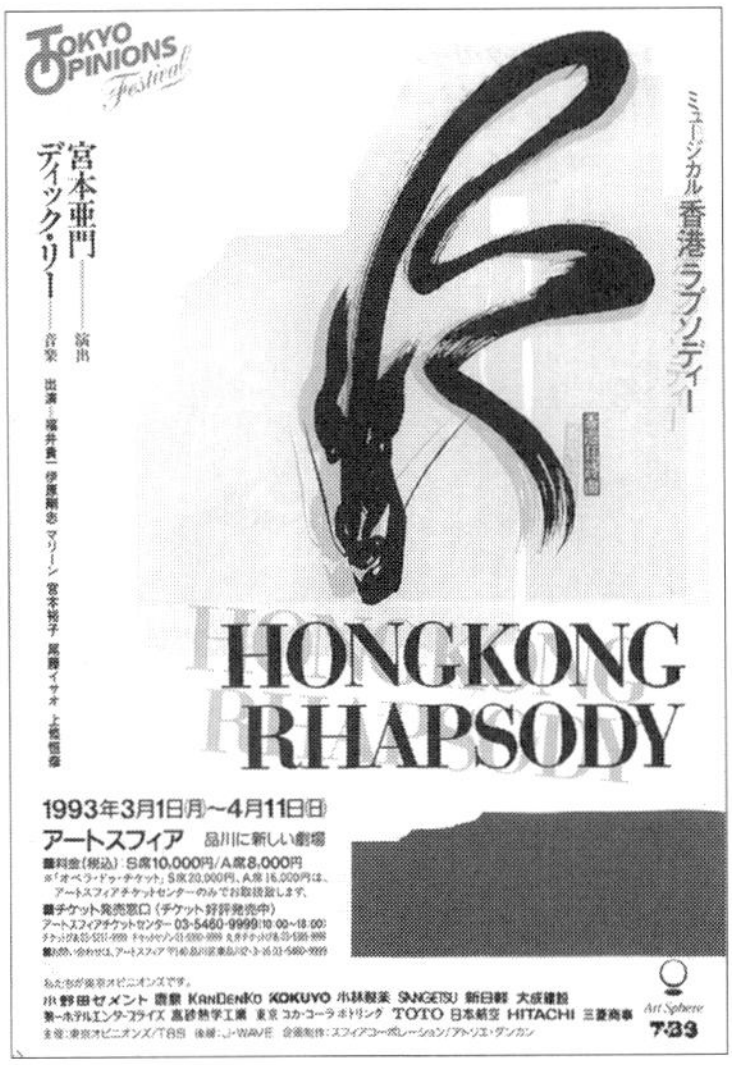

『ミュージカル 香港ラプソディー』(1993年)

リーと宮本は大いに気が合ったようだ。リーはおっとりしていて、いつもニコニコと紳士的に対応する。反対に宮本は熱っぽく身振り手振りで語りかける。この対照的なコンビなら、かえって良い作品が生まれると確信した。

だが、キャスティングで私は宮本とぶつかった。

「主人公は沢田研二がいい」

そう言うプロデューサーに対し、

「いや、福井貴一《ふくいきいち》にしたい」

と抵抗する演出家。

福井は劇団四季研究所の出身で、歌とダンスに優れ、一九八七年の東宝のミュージカル『レ・ミゼラブル』などで高く評価されていた。

電話で言い争いになったが、けっきょく私が折れた。安定した沢田の人気より、意外性で勝負することにしたのだ。

もうひとりの主役は伊原剛志《いはらつよし》。ベテラン陣には尾藤《びとう》イサオ、上條恒彦という歌える役者をそろえた。

トラブル発生！ 宮本亜門が舞台に

『ミュージカル 香港ラプソディー』の公演は、一九九三年三月から四月にかけて全五〇回と決まった。「アートスフィア」は、馬蹄形で三層吹き抜けの劇場である。ステージと客席の距離が最大でも二〇メートルと、至近距離で観劇を楽しめるよう工夫されているのだ。新しく生まれたこの劇場で、宮本亜門は張り切って実験的な演出に臨んだ。

だが初日、思いもよらぬトラブルが起きた。

オープニングの演奏が始まり、幕があいていく。幕内では尾藤イサオがカゴに入って天井から吊るされ、出番を待つ。ところが、途中で幕が舞台裏のセットに引っ掛かり、止まってしまったのだ。スタッフがどうやっても幕があかない。

「どうしたんだ?」と、客席にも不安の声が広がっていく。

これはまずい！　最初からやり直そう。

客席にいた私は、舞台裏に飛んでいこうと席を立った。

すると、ひとりの男が幕の前に現れた。演出の宮本亜門だった。客席に向かって説明を始める。

「皆様、どうもすみません！　風のために幕がひっかかりストップしてしまいました。もう一度、最初からスタートします！」

どこからか東京湾の強い風が舞台に入り込み、いたずらをしたようだ。

宮本の機転によって会場は落ち着きを取り戻し、再スタートまで一五分くらいを要したが、あとは無事に進んだ。

ラブサスペンスとしての展開はよくできていたし、リーの曲も聴かせるものが多かった。全体として実験的な舞台が表現できたと感じた。宮本による部分ごとの尖《とが》った演出が、新鮮な魅力につながったようだ。香港だけが持つ自由で妖しい香りを醸し出すことができたのではないだろうか。

欲を言えば、キャスティング、PR、集客方法などで、新劇場のオープニングとしての派手さが少し物足りなかったと思う。しかし劇場側は喜んでくれたので、これからは「アートスフィア」の時代が来ると予感できた。

ところで、幕が止まってしまったハプニングについては、カゴの中で待たされた尾藤イサオの声も紹介しておかなくては不公平だろう。

「おれのこと、みんな忘れていただろう！　どうすればいいのか困ってたんだぞ！　何がどうなってるのか。わからねえから、ずっとカゴにしがみついていたよ。天井から落っこちるかと思った！」

新しい劇場ゆえのハプニングだったかもしれないが、舞台では何が起こるかわからない。役者も命がけである。

いずれにせよ、こうした〝劇場の時代〟に、アトリエ・ダンカンは着実な歩みを進めることができたと思う。

第4章

原点は「新宿ACB」

隅田川を泳ぐ子

　アトリエ・ダンカンが汽笛を鳴らしてから八年ほどが過ぎた一九八七年一月、渡辺プロを率いてきた渡辺晋の訃報が届いた。享年五九。がんとの長い闘病のすえだった。

　恩師ともいえる人を亡くした私の胸に、渡辺プロ時代の思い出とともに、我が青春のさまざまな記憶がよみがえった。

　訃報があったのは、「銀座セゾン劇場」のオープニングを飾る『楽劇　あづち』の準備を進めていたころだった。これに続き、松竹からもプロデュースの依頼が舞い込んできた。場所は「日生劇場」。演劇興行の最大手である松竹が、外部にプロデュースを依頼するのは異例のことだったろう。

　そうだ、自分を主人公にしよう。

　この機会に、自身の青春時代の経験をもとに企画を立てることにした。プロデュースを担う者は、ときに自分自身を題材にする覚悟も必要と思っていたからだ。

　物語の舞台は、大学浪人中にアルバイトをしていたジャズ喫茶「新宿ACB《アシベ》」だ。この場所に若者たちの愛と夢と青春の日々が、懐かしいロックンロールやポップスなどのナンバーとともによみがえる。主人公は、スターを夢見るひとりの青年。そんな設定だが、若き日の私自身は、芸能界でスターになるつもりでACBにいたわけではない。ただ、大の音楽ファンとして「こういうところで歌えたら気持ちいいだろうな」と夢想することはあった。

ふりかえれば、私の人生にはいつも音楽が寄り添っていた。

私が生まれたのは一九三九年五月三〇日。生家は東京の下町、日本橋浜町だった。家の目の前は、明治時代からの伝統を誇る劇場「明治座」である。

父の延次郎《のぶじろう》は三味線奏者だった。その三味線の音色が、私にとって最初の身近な音楽だったかもしれない。

母の妙子《たえこ》は競泳の元選手で、国体の前身にあたる競技大会に平泳ぎで出場したこともあったという。

幼い私も、家の近くを流れる隅田川でよく遊び、泳いだ。まだ護岸工事の行き届いていない昔ながらの風情が残る河原で、大小の船が行き交うのをながめながら夢中で水と戯れた。

だが、物心ついたころにはすでに太平洋戦争が始まっていた。米軍による本土空襲が本格化すると、知り合いの住む静岡県に一家で疎開した。

ところが一九四五年七月一七日未明、疎開先の沼津市がB-29の編隊に襲われたのだ。六歳の私は、家族とともに水桶の水を頭からかぶり、降り注ぐ焼夷弾をよけながら、市の中心を流れる川沿いを走って逃げた。

すでに三月の東京大空襲で、故郷の日本橋浜町も大きな被害を受けていた。

敗戦後は一家で東京・西神田に移り住んだ。父・延次郎は歌謡漫談の三人組「シャンバロー」を結成。岡三郎《おかさぶろう》と名乗り、寄席《よせ》で人気を博した。

父が出番の日は、少年の私も寄席に連れていってもらえた。大人たちにまじって落語や漫談、手品や曲芸に熱中した。笑い声、拍手、どよめき……。寄席のにぎわいが原風景の一つとなった。

占領国となっていた日本の主権回復を約すサンフランシスコ講和条約が結ばれた一九五一年、通っていた西神田小学校にプールが完成した。

そのお披露目の日、二人の若者がここを訪れた。自由形の世界新記録を樹立し、「フジヤマのトビウオ」とたたえられた古橋広之進《ふるはしひろのしん》と、日本大学の同期生で、やはり世界記録を出していた橋《はし》爪四郎《づめしろう》だ。

東京にはまだ空襲の焼け跡も残っていた。少年少女たちにとって、彼らはまさに焦土のヒーローだった。彼らの力強い泳ぎに、小学校のプールサイドは興奮に包まれた。

この日は児童の保護者たちも見学に詰めかけ、かつて平泳ぎの選手だった母も、ヒーローたちの泳ぎを見守っていた。

西神田に引っ越してから隅田川では泳ぐ機会がなくなったが、私はいつしか母と同じように平泳ぎが得意になっていた。まさに「カエルの子はカエル」である。

しかし、平凡ながらも幸福な少年時代は不意に終わってしまった。中学一年のある夜、元気だった母が急な発作に襲われたのだ。私は走って近所の医者を連れてきたが、母はあっという間に息を引き取ってしまった。三三歳の若さだった。

母が残していった子どもは、一三歳の私を頭に五人。悲しみに暮れるなか、長男の肩には生活という重みものしかかってきた。父は芸人ゆえ、売れっ子ながらも収入は安定しない。

私は新聞と牛乳の配達を始めた。

ウェスタンカーニバルに熱狂する

母を亡くし、生活に追われる日々のわずかな楽しみは、ラジオで音楽を聴くことだった。流行歌、ジャズ、タンゴ……。とりわけ「タンゴの女王」と称される藤沢嵐子《ふじさわらんこ》には聴きほれた。

音楽って魔法みたいだ。つらいことも忘れてしまう。

そして高校生になった私の耳に、ラジオから衝撃的な歌声が響いてきた。エルビス・プレスリーである。アメリカ発のロックンロールは、若き音楽ファンにとって、まさに現代の黒船だった。その衝撃は文字どおり日本の音楽シーンを塗りかえていったのだ。

一九五八年二月、『第一回日劇ウェスタンカーニバル』が開催される。ロカビリーが日本のティーンエイジャーの間で人気を集めていたことに目をつけ、渡辺プロの副社長で二九歳の渡辺美佐が仕掛けたイベントである。

「日劇」の名で親しまれる、有楽町の「日本劇場」。例年なら観客の少ない二月に出現した長蛇の列に、一八歳の私も並んだ。プレスリーに端を発した最新の音楽に磁石のように引き寄せられたのだ。

山下敬二郎《やましたけいじろう》、平尾《ひらお》昌章《まさあき》(のち昌晃)、ミッキー・カーチスのロカビリー三人男をはじめとする若手ミュージシャンたちが、ステージせましとロカビリーを歌い、踊る。興奮した女の子たちが絶叫し、紙テープが舞い飛ぶ。この紙テープは副社長のプランで、ファンに配られたものだ。

「熱狂」というものを生まれて初めて体験した。父親が三味線で豪快な撥《ばち》さばきを見せる長唄の大薩摩《おおざつま》も迫力があったが、この日の「日劇」の舞台は、なごやかな寄席とはまったく異質の世界だった。

だが生活は相変わらず苦しかった。四人の弟や妹たちはまだ年少だ。高校を卒業した私はさらにアルバイトに精を出した。将来やりたいことはまだ決まっていないが、翌年の早稲田大学受験を目標にした。

苦学浪人生として、朝夕に新聞配達、昼間には運送業の手伝いなどを続けていた。開局間もないテレビ局に配達物を届け、トイレを借りたこともあった。ある日、新宿の街角に貼られた一枚の紙が目に飛びこんできた。そこは、甲州街道と明治通りがぶつかる角のビルだった。

「ジャズ喫茶　ボーイ求む！」

開店したばかりの新宿ACBの募集広告である。なぜか私の胸に、「日劇」で観たウェスタンカーニバルの興奮がよみがえってきた。無意識のうちに足はビルの中へと吸い込まれた。

ジャズ喫茶で働く青年

そのビルは、吹き抜けになっている地下の一階と二階がジャズ喫茶だった。定員三七〇人の新宿ACBはオープンと同時にロカビリーの拠点となり、ときには外の道路まで客があふれるほどの盛況ぶりを見せていた。

私はすぐにボーイとして採用された。給料は安かったので昼の部も夜の部も働くことにした。

世間では、皇太子明仁《あきひと》と正田美智子《しょうだみちこ》の婚約発表に始まったミッチー・ブームや、高さ三三三メートル、総工費約三〇億円という東京タワーの完成など高度経済成長期の熱狂が加速していた。

歌と演奏に沸き返る客たちの間を、小柄な体ですり抜けながら私はコーヒーや酒、おつまみを運んだ。ハードだが充実感があった。なにしろ「日劇」で目にしたロカビリーのスターやラジオで耳にする人気歌手たちが、目の前のステージ上にも楽屋にも顔を並べているのだ。ロカビリー三人男はもちろん、水原弘《みずはらひろし》、井上ひろし、守屋浩《もりやひろし》、小坂一也《こさかかずや》、ダニー飯田《いいだ》とパラダイスキング、ハナ肇《はじめ》とクレージーキャッツ……。大好きな音楽、最新のリズム、しびれるような歌声が、こんな身近で味わえるなんて夢のようだった。

こういう場所で、ずっと働けたらいいな。

そう思うようになっていた私は、ある日、渡辺プロのACB担当社員から声をかけられた。この店の経営主は、芸能事務所である渡辺プロだったのだ。

無我夢中の仕事ぶりを見込まれたのだろうか。私は、日比谷の渡辺プロ本社に連れていかれ、晋社長に引き合わされた。彼の顔は知っていた。ジャズバンドであるシックス・ジョーズのベーシストとして、新宿ACBにもしばしば出演していたからだ。

当時三一歳の社長は、ステージで見せるのと同じ穏やかな笑顔を向け、

「よろしく」

と言った。

私が渡辺プロの一員となった瞬間だった。同プロにはすでにスタッフが数人いたが、ちょうど正式な会社組織となった時期でもあり、まさに正社員第一号だった。同時に、大学進学の夢は捨てた。

ザ・ピーナッツのマネージャーになる

明けて一九五九年。品川区上大崎にある渡辺晋・美佐夫妻の自宅が、私の新たな住まいとなった。ロカビリースター山下敬二郎の付き人をしていた井澤健《いざわけん》と一緒に、ガレージの中に置いた二段ベッドで寝起きした。井澤はやがて、ハナ肇とクレージーキャッツ、ザ・ドリフターズなどの担当マネージャーとして貢献していくことになる。

同じ渡辺邸には山下敬二郎、そして前年一一月に名古屋の高校を中退して上京したザ・ピーナッツの伊藤エミ・ユミが住み込みをしていた。

私はまず、渡辺プロ所属のジャズバンドにくっついて各地のコンサート現場を駆け回ることになった。中村八大《なかむらはちだい》モダン・トリオ、白木秀雄《しらきひでお》クインテット、平岡精二《ひらおかせいじ》クインテットなどのスケジュール管理をしながら、さまざまな体験をした。フルバンドのスマイリー小原《おはら》とスカイライナーズに同行して横須賀の米軍キャンプを訪れた時は、生まれて初めてコーラを口にし、その甘く刺激的なおいしさに驚かされた。また、ある公演では、よそのブラスバンドが客席の後方からトランペットやサックスを演奏しながら入場してきたのを見て「こんな登場の仕方もあるんだ」と新鮮な感動を与えられた。

続いてザ・ピーナッツのマネージャーを命じられた。洋楽カバー『可愛い花』でデビューしたザ・ピーナッツは、双子のデュオというユニークさと抜群のハーモニーでたちまち人気者となっていった。私はテレビバラエティ『シャボン玉ホリデー』(日本テレビ)などの収録にも同行した。映画の撮影もあった。東宝の特撮映画『モスラ』で「小美人《しょうびじん》」役に起用された二人は、テレビとはスケールの違う撮影現場に目を白黒させていたものだ。

私たちはこの双子を本名で、姉の日出代《ひでよ》を「ヒデちゃん」、妹の月子《つきこ》を「ツキちゃん」と呼んでいた。彼女たちも「池田さん、これやってね」などと気安く、家族同然の仲だった。なにしろ仕事だけでなく渡辺邸で寝食を共にしていたのだから。

それにしても芸能マネージャーとはどんな仕事なのか。それは手本のないミッションだった。付き人的な仕事から、タレントのスケジュール管理や出演料の交渉、楽曲づくりなどのクリエイティブ面まで、一切をやらなければならなかった。

私は多忙な現場ですべてを覚えていった。とくに渡辺社長からは、仕事の面白さと同時に責任感の大切さを教わった。人の和は大事にするが、決して人任せにはしない。それがマネージャーの心得であることを知らされたのだ。

幸い、ザ・ピーナッツの人気は増すばかりだった。和製ポップスと呼ばれる曲は次々とヒットした。どこへ行っても二人は疲れた顔を見せず、ニコニコと仲よく並んでファンの熱い声援にこたえていた。

新宿ACBにも仕事でしばしば足を運んだ。そこでのオーディションで木の実ナナを見出し、グループサウンズ全盛期には複数のバンドをスターの座に押し上げた。このグループサウンズの時代からプロデュース的な仕事も手がけるようになったのだ。

一九六六年六月、日本の音楽界にとってプレスリー以来の黒船といえるザ・ビートルズが来日。若者たちを虜《とりこ》にした。私は、当時二五歳で渡辺プロ入りした加瀬邦彦《かせくにひこ》を中心とするバンドのメンバーをさがした。そして、加瀬と知り合いだった加山雄三《かやまゆうぞう》の自宅の稽古場を借り、練習させた。同時に、加瀬にはデビュー曲の作曲を急がせた。

私もこの湘南の稽古場に泊まり込み、バンドは「ザ・ワイルド・ワンズ」と名づけられた。同時に、加瀬にはデビュー曲の作曲を急がせた。

同年一一月に発売されたワイルド・ワンズのデビュー曲『想い出の渚』は、一〇〇万枚を超える大ヒットとなった。

また、同じ年の夏のある日、内田裕也が京都から五人の若者を渡辺プロに連れてきた。ファニーズというバンドで、メンバー全員が一〇代後半だった。制作部長から命令された私は翌朝、京都へ向かい、メンバーの親たちを集めて一気に契約を進めた。五人は、テレビ番組『ザ・ヒットパレード』(フジテレビ)に出演させるためディレクターのすぎやまこういちによって「ザ・タイガース」と命名された。ザ・タイガースは翌六七年二月、すぎやまの作曲した『僕のマリー』でデビュー。たちまちグループサウンズの花形となっていった。

こうしたグループサウンズのスターたちも、新宿ACBに多くのファンを呼び込んだのだ。

だが、時代の波はつねに変化してやまないものだ。一九七〇年一月、新宿ACBは惜しまれながらも閉店する。六〇年代の音楽シーンを牽引したジャズ喫茶は、私の青春のステージそのものだった。

人生の新たなステージの幕開けを告げるかのように、この年、長女の有希子《ゆきこ》が生まれた。有希子はやがて俳優の道に進むことになる。

再びの熱狂

再び八〇年代後半に話を戻そう。

松竹から依頼され、独自に考えた企画を私は『青春グラフィティミュージカル　ACB《アシベ》——恋の片道切符』と名づけた。『恋の片道切符』はニール・セダカの代表曲で、この企画のイメージにピッタリのタイトルだと思った。

主役にはトシちゃんこと田原俊彦《たはらとしひこ》を起用したいと思い、ジャニーズ事務所を率いるジャニー喜《き》多川《たがわ》に頼み込んだ。二六歳の田原は、ドラマ『3年B組金八先生』(TBS)への出演やデビュー曲『哀愁でいと』以来、押しも押されもせぬトップアイドルだった。過密スケジュールの田原だったが、渡辺プロ時代からの仲である喜多川からOKをもらうことができた。

相手役は、舞台初経験となる富田靖子《とみたやすこ》。『さびしんぼう』『BU・SU』などの映画に主演し、高く評価されていた。ACB時代からの知り合いでベテランのロックンローラー、ミッキー・カーチスもキャスティングに加えた。

演出は、テレビ界で青春群像劇の第一人者といわれた河合義隆《かわいよしたか》に決める。音楽は井上堯之、作詞は音楽評論家としても著名な湯川れい子。こうした布陣で音楽とライブ感を重視し、日本のオリジナルミュージカルの先駆作品となることを目指した。

とにかく、一九六三年の開場以来、舞台人のあこがれの象徴である「日生劇場」だ。自身のオリジナル作品でもあり、私のチャレンジ精神は燃え上がった。

一九八七年一二月五日、ついに公演初日を迎える。「日生劇場」はトシちゃんファンで埋め尽くされた。圧倒的な歓声のなかで幕があく。客席も舞台上も、最初から熱狂のピークに達していた。

これはまさに、あの日の「日劇」だ！

耳をつんざくような歓声に囲まれ、客席に座る私の眼前に、三〇年前のウェスタンカーニバルの光景がよみがえった。オケボックスで初めて指揮をする井上堯之も興奮したのか、ふりあげた指揮棒が手を離れて客席にすっ飛んでしまう。

もちろん田原も全力で歌い、踊り、演じきった。フィナーレではオールスタンディングとなり、「日生劇場」はコンサート会場と化した。

トシちゃん人気で連日にわたって超満員となったのは良かったが、もっと本格的なミュージカルにしたかったというのが正直な思いだ。私は若いころに観て、ジャニー喜多川とも話が盛りあがったミュージカル映画『ウエスト・サイド物語』に強く影響を受けていた。あの傑作を参考に、曲のつなぎ方やメドレーなどミュージカルならではの手法をもっと徹底するべきだったと反省した。

さらに言えば、自分が体験した「新宿ACB」の時代感をもっと出したかった。一九六〇年代という日本のショービジネスの成長期にあって、「日生劇場」よりはるかに狭い空間だったが、そこには未来への見果てぬ夢があふれていたのだ。その若き日の実感を、世代の違う演出家やスタッフに伝えることの難しさが身にしみた。

とはいえ、今回の興行上の大成功によって松竹とアトリエ・ダンカンはその後も良好な関係を

『ACB――恋の片道切符』(1987年)

続けていくことになった。

父の三味線から始まり、ラジオやジャズ喫茶での音楽体験の数々は、その後のプロデュース人生の強力な支えになってきたと思う。たとえば原作に音楽の要素がない作品でも、舞台化の際に音楽を入れることでわかりやすくなるし、感情移入もしやすくなるのだ。

私はミュージカルやストレートプレイ(会話劇)以外に、ユニークなコンサートも多く企画してきた。とりわけ一九九〇年代に実現させた思い出深い二つの公演について紹介しよう。

意外性にみちたコンサート

「田中裕子《たなかゆうこ》のコンサートをやらない？」

話を持ちかけてきたのは沢田研二だった。

映画『天城越え』やNHKの連続テレビ小説『おしん』などで大人気だった女優の田中裕子は、一九八九年に沢田と結婚した。歌手活動もしており、アルバムもいくつか出している。

「それ面白い！　やろうやろう」

私は即決した。

赤坂の小ホール「ラフォーレ赤坂」のフリースペースにセットを組み、客席を円形の座席にするプランを考えた。私の頭には、以前にドイツ・ベルリンで観たオペラ作品のシーンが浮かんでいた。一九八二年にアトリエ・ダンカン所属の根津甚八が主演した、柳町光男《やなぎまちみつお》監督の映画『さらば愛しき大地』がベルリン国際映画祭に出品されたため、その地を訪れたのだ。オペラはたしかモーツァルトの『魔笛《まてき》』だったと記憶している。緞帳《どんちょう》が上がると、舞台では主演女優が虎の上に座り込んでいた。バックにはなんと恐竜が立ち、横には群衆がオリの中に閉じ込められていた。

このシーンが忘れられず、今回の『田中裕子コンサート』に使おうと思った。田中裕子と恐竜。まったく無関係だからこそ、驚きとインパクトがあるのだ。

恐竜のなかでも、首も足も長くスタイル抜群と思われる竜脚形類を選んだ。円形の舞台でこの恐竜に田中がのぼり、座って歌う。下でバンドが演奏する。選曲・構成は沢田が引き受けた。一九九六年のこの『田中裕子コンサート』は美しく絵画的な舞台になったと思うし、田中本人もたいへん喜んでくれた。公演は地方からもオファーがあった。

その後の九七年四月には、アトリエ・ダンカンに所属していた森公美子のコンサートを企画した。ミュージカル女優として多方面で活躍する森。歌唱力、迫力ともに並ぶものなしと私は評価していた。

『森公美子コンサート　天使にラブラブ』の公演場所は、渋谷の「Bunkamura オーチャードホール」という大ホールに決まった。本人と打ち合わせしてバラエティ豊かな構成を考える。ミュージカルソングをはじめ、ポップス、クラシック、オペラなど森公美子ならではの幅広さを目指した。

「そうだ、舞台上で料理を作ろう！」

私は森が料理も得意だったのを思い出し、アイデアを加えた。歌に合わせて料理のプロセスを見せるのだ。歌手が歌いながら包丁を使い、フライパンを持ち、皿を並べる。料理の香りが場内に漂う。大胆な試みが観客を大いに笑わせ、なごませた。森公美子ならではの楽しいコンサートにすることができたようだ。

あるときは女優と恐竜。あるときは歌と料理。意外性にみちたコンサートの数々は、自身の演劇プロデューサーとしての経験や発想が支えてくれたものだと思う。

第5章

弾ける日本ミュージカル

下着姿で街に出た女優たち

行きかう人々が思わず足を止め、目を見張った。

一九八八年夏、東京・恵比寿駅前。その繁華街に突如現われたのは、下着のようなコスチュームでポーズをとりながら闊歩《かっぽ》する四人の女性。堂々としていて底抜けに楽しそう。

おや？　見たことのある顔だ。ひとりは木の実ナナ。それから秋川リサ、森公美子、白木美貴子《しらきみきこ》……。本物の女優たちではないか！

この一団は、近くの「恵比寿ファクトリー」で七月五日から公演が始まるミュージカル『イカれた主婦 ANGRY HOUSEWIVES』の出演者だった。演者みずから宣伝活動に繰り出したのだ。

下町の主婦たちがパンクなバンドを結成し、自分たちを表現していく物語。これは私が率いるアトリエ・ダンカンの新企画だった。ある日、テレビの情報番組で、主婦たちがロックバンドを組むという内容のミュージカル作品がオフ・ブロードウェイ（小劇場）にあることを知った。強く興味をそそられ、この目で見てみようと決めた。自分が観客になって観たい作品。それを創り上げるのもプロデュースである。

あいにくニューヨークでの公演は終了していたが、シアトルで公演中とわかった。東京からシアトルに飛び、その劇*ANGRY HOUSEWIVES*を見る。ストーリーと楽曲は実によくできている。しかし私は思った。

これは日本で自分がプロデュースしたほうが絶対に面白くなる——。

なぜならアメリカと比べたら、日本社会はまだまだ女性の自由度が低いと感じていたからだ。日本を舞台にし、〝オバサン〟たちがパンクにぶっ飛んでこそ作品のパワーは増すと確信した。

アトリエ・ダンカンを設立してから約一〇年。私は初めてオフ・ブロードウェイ作品の日本版を創る決心をした。

お金はなくてもオフ・ブロードウェイがある

一九八〇年代後半は、かつてないほど海外が近くに感じられる時代になっていた。円高が進んだことで、日本人の海外旅行が大きなブームとなったのである。人々は世界のあちこちを訪れ、多くの土産物や情報を持ち帰った。

エンタテインメントも良質なものは国境を越えて広めていくべきだ。それが日本のミュージカルをより豊かなものにしていくはずだ。そう信じ、シアトルから帰国した私は代理店に契約を依頼し、*ANGRY HOUSEWIVES*の上演権を取得した。

正直に言ってブロードウェイ作品の上演権は高額すぎた。日本で公演して成功する目算があったとしても、なかなか採算が合わないのだ。それゆえ半額以下まで交渉できるオフ・ブロードウェイは掘り出し物の宝庫だった。

お金はなくてもオフ・ブロードウェイがある。そう考えていた。

ストーリーは原作に沿っているが、舞台を日本の下町に、主役たちを日本の〝オバサン〟に置きかえた。それでいながら主人公(木の実ナナ)の名前は「ベブ」、ほかの登場人物もアメリカ人の名前にした。着物姿のベブ。そのギャップがパンクな主婦バンドにふさわしかったのだ。

タイトルも「ANGRY(怒れる)」そのままではなく、私が「イカれた」と変え、アバンギャルドな感じを強調して「イカれた主婦」とした。このタイトルはスタッフやキャストからも「カッコイイ」と評判だった。

主婦役の四人には、タイプの違うメンバーを揃えた。この年末で『ショーガール』の公演を終了することになる木の実ナナ。オペラ歌手でミュージカル界のスターであり、恰幅のよさでも親しまれる森公美子。森と同じく東宝ミュージカルで高い評価を得た白木美貴子。もうひとりは、モデル出身でファッショナブルな秋川リサ。

こうしたメンバーが下着のような姿で恵比寿の街を練り歩いたのだからインパクトは絶大だった。メディアにも声をかけていたので、このパフォーマンスはテレビでも放送された。

演出はこの人しかいない――。

そう思った相手は、加藤直だ。前年の一九八七年には、『楽劇　あづち』でオペラ風の劇にユーモアもまじえた演出を見せてくれた。

以前から私は「制約からの自由」をテーマにしたいと考えていた。つまり「こうあるべき」「あらねばならぬ」という秩序や慣習からの自由だ。それを最も求め、体現しつつあるのが現代女性たちではないかと思った。世間にも新しい風が吹いていた。八五年に男女雇用機会均等法が成立。これは六〇年代後半にアメリカで起きたウーマンリブ(女性解放運動)や、七九年に国連で採択された「女性差別撤廃条約」などの流れを受けているようだ。男性優位の価値観を変えていく新たな指針となったのである。

女たちの時代が訪れた。そのメッセージを自由で大胆な演出によって謳いあげる作品が『イカれた主婦 ANGRY HOUSEWIVES』というわけだ。

音楽は、演奏が前年の『ACB——恋の片道切符』でも起用した井上堯之シャッフルバンド、訳詞は『ショーガール』にも関わった竜真知《りゅうまち》子《こ》だ。竜は七〇年代からポップスの作詞を多く手がけ、西城秀樹、キャンディーズ、狩人《かりゅうど》、石川秀美《いしかわひでみ》、河合奈《かわいな》保《お》子《こ》らに向けて書いてきた。『アパートの鍵貸します』『イーストウィックの魔女たち』など海外ミュージカルの訳詞もこなしている。

パンクな舞台が〝発酵〟する

『イカれた主婦 ANGRY HOUSEWIVES』を披露する舞台には、あまり知られていない小ホールをさがした。既成の劇場では「イカれた」世界を表現しきれないと思ったからだ。

場所は、「恵比寿ファクトリー」に決まった。サッポロビールの恵比寿工場内にある小さなイベントスペースだ。明治時代から一〇〇年の歴史を刻んできた恵比寿工場はすでに千葉への移転が決まっており、一部を貸し出していたのだ。

工場用の設備が何もなくなった空間で、私たちは舞台と客席を同じ面積に分けた。客席は二〇〇人程度に設定した。予算は度外視した。赤字覚悟である。とにかくパンクで面白い舞台を見せるのが目的だった。

チラシ、ポスターも二種類つくった。一枚は着物姿でハタキを背中にさした木の実ナナが、ちゃぶ台の上でほうきを抱え、イカれた笑いを浮かべている。いかにもパンクな絵柄だった。ナナは嬉々としてこの撮影にのぞんだ。「顔で踊る下町っ子ダンサー」の本領発揮である。もう一枚

『イカれた主婦 ANGRY HOUSEWIVES』（1988年） 2パターンのチラシ

は女優四人が派手なコスチュームでポーズを決めている。

一九八八年七月五日。全二七回公演の初日のステージが幕をあけた。

下町で貧しく暮らす〝オバサン〟たちが一念発起。賞金目当てにパンクロックのコンテストに応募し、触ったこともないような楽器に挑む。

ギターをかき鳴らすナナ、キーボードに全身をぶつける森、ベースをうならせる白木、ドラムをたたきまくる秋川。制約というネジのはずれた女たちが、パワフルでエネルギッシュな歌と演奏をド派手なコスチュームで披露。井上堯之シャッフルバンドもガンガン演奏する。客席も大興奮だ。かつてはおいしいビールが発酵していた空間で、パンクな舞台が発酵したのだった。

こんな小ホールミュージカル、見たことがない！

企画した私自身も、みごとな発酵の香りに酔いしれた。

あまりに過激な芝居と演奏だったため、初日の終演後、ナナと白木が倒れ、救急車を呼ぶ騒ぎとなった。せまい会場に人を詰め込んだせいもあり、酸欠状態に陥ったのだ。現在の公演なら、あらかじめ換気にも気を配っておいただろう。

だが、この挑戦的な舞台は大評判を呼んだ。単純明快、理屈はゼロ、女たちの前向きな生き方に賛同、などと絶賛された。翌八九年には、人気CMランキングでトップクラスのハウス食品に私が話を持ち込み、名古屋、大阪、横浜ほかの全国公演が始まる。九一年にはフジテレビがドラマ化し、大竹しのぶ主演で『イカれた主婦の反乱』が放送された。主婦層向けの企業であるハウ

『イカれた主婦 ANGRY HOUSEWIVES』
（2010年）

ス食品が乗ってくれたことは、まさに時代が作品に追いついた証だった。

最初は赤字でも、作品の評判が高まり再演のリクエストが増えれば収益も上がるという好例である。これもプロデュースの醍醐味といえるだろう。

ちなみに、初演から二〇年あまりが過ぎた二〇一〇年には、ハウス食品の名目は協賛から特別協賛となった。木の実ナナ（ギター）以外は彩輝《あやき》なお（ドラム）、キムラ緑子《みどりこ》（ベース）、浦嶋りんこ（キーボード）、山崎育三郎《やまざきいくさぶろう》などすべて新キャストで、オフ・ブロードウェイ版に忠実な翻訳劇『イカれた主婦 ANGRY HOUSEWIVES』が全国七か所で公演された。

沢田研二の七変化

新たなミュージカルへの試みはさらに続いた。『イカれた主婦 ANGRY HOUSEWIVES』を初演した翌年の一九八九年からは、沢田研二ACTシリーズを開始した。ほとんど沢田ひとりだけの音楽劇だ。

渡辺プロから独立して私がアトリエ・ダンカンを立ち上げたあと、八五年には彼も渡辺プロを出て自分の事務所「ココロ」を持った。

だが、従来のファンだけに向けたコンサートを続けていた沢田に対し、私はもっと広がりとテーマ性のあるコンサートをやるべきだと感じていた。誰よりも沢田のポテンシャルを信じていたのだ。

「ファンがまったく知らない主人公をテーマにし、新しい分野を開拓するんだ。それが魅力につながるような新しいドラマチック・リサイタルをやらないか」

沢田に直接もちかけたところ、不安もあったようだが了解してくれた。言葉は少ない男だが、狙いがはっきりしていることには納得するのも結論を出すのも早かった。さらに演出を加藤直、音楽をｃｏｂａにすると決めていたと知って「一緒にやりたい」と言った。沢田は『楽劇あづち』以来、演出家の加藤を尊敬していたのだ。

『沢田研二 ACT クルトワイル』（1989 年）

ｃｏｂａの本名は小林靖宏《こばやしやすひろ》。イタリアの音楽院のアコーディオン科を首席で卒業して帰国したあと、ダンカンのスタッフが私に紹介してくれたのが始まりだった。その後、彼は

『沢田研二 ACT　ニーノ・ロータ』(1991 年)

ｃｏｂａと名を改め、クラシックだけでなくロック、ポップスなどジャンルを超えた音楽性豊かなアコーディオニストに変貌し、ソリストとして活躍しはじめた。私はその才能にほれこみ、アイデアも豊富な彼に、ぜひ新しい沢田のコンサートに参加してもらいたいと思っていた。

コンサートの企画・協力はアートディレクターの立川《たちかわ》直樹《なおき》に相談し、沢田が外国のアーティストを演じて歌う内容にした。予算と制作はココロが受け持ち、私はプロデュースを引き受けた。

第一弾は『三文オペラ』などを生み出した二〇世紀前半のドイツの作曲家クルト・ヴァイルをテーマにした。ほとんどの日本人が知らないようなアーティストをあえて選ぶことで、沢田の新境地を見せたかったのだ。

『沢田研二ＡＣＴ　クルトワイル』は、「東京グローブ座」で八九年三月に公演された。『三文オペラ』をはじめ『マック・ザ・ナイフ』『モリタート』『レディ・イン・ザ・ダーク』などクルト・ヴァイルの音楽世界に、沢田のヒット曲も交える挑戦的なコンサートが実現した。沢田の歌唱とｃｏｂａのアコーディオンはロックでポップな感性がよくマッチし、コラボレーションは成功したようだ。以後も音楽はｃｏｂａが担当し、毎年テーマを変えて公演を続けた。

知らない曲が多くて当初はファンも戸惑いを感じたと思うが、しだいに作品と沢田研二の意気込みが伝わっていったようだ。沢田も毎回違う主人公を演じる〝七変化〟を楽しみ、つねに新鮮なコンサートにすることができた。

第二弾(九〇年)はフランスの作家・詩人でジャズトランペッターでもあった破滅的天才ボリス・ヴィアン。第三弾(九一年)はフェリーニ監督の映画音楽の作曲で知られるイタリアのニーノ・ロータ。第四弾(九二年)はイメージの魔術師とされるスペインの画家サルバドール・ダリ。第五弾(九三年)はイギリスの劇作家シェイクスピア。

誰もが知っているシェイクスピアをテーマにした第五弾で、私はＡＣＴシリーズのプロデュースを降りさせてもらった。ひとつのシリーズとして成果を出したことと、私自身が他のプロデュース作品が増えて多忙になってきたためだ。沢田研二ＡＣＴシリーズは九八年まで続いた。

木の実ナナ、『ミュージカル　阿OKUNI国』の大舞台へ

「元気。ハデ。世界的。阿国は、１９９０年に似ております」

そんな明るさ満点のキャッチフレーズを掲げ、舞台からはみ出さんばかりのエネルギーを発散した作品が『ミュージカル　阿ＯＫＵＮＩ国』である。

初上演されたのは一九九〇年。その前年、昭和から平成に変わった八九年末には、日経平均株価が一時三万八九五七円の史上最高値を記録するなど、バブル経済が絶頂期を迎えていた。

一九七四年の『ショーガール』初演以来、私が手がけたプロデュース作品はすでに三〇本を超えていた。繁栄の時代と自身の充実期が重なる〝一九九〇年の阿国〟は、プロデューサー池田道彦にとって、ひとつの到達点だったと感じる。

「あら、池田さん！　同じ電車だったのね」

「あ、皆川《みながわ》さん。さっきはどうも！」

地下鉄丸ノ内線に、作家の皆川博子《ひろこ》が乗り合わせていた。先ほど「銀座セゾン劇場」の楽屋で言葉を交わしたばかりだった。

一九八七年一〇月、「セゾン劇場」のこけら落としにプロデュースした『楽劇　あづち』の初日。招待された彼女は「とても良かったですよ」と言って劇場をあとにした。その直後に同じ車両で再会したのである。そして、この偶然が新しい舞台のスタートラインとなった。

皆川博子は児童文学作家としてデビューし、以後は幻想的なミステリーをはじめ幅広いジャンルの小説を手がけ、一九八六年には『恋紅《こいべに》』で直木賞を受賞した。

「私、構想中の小説が三冊あるのよ」

細面に柔和な目を輝かせ、作家は電車内でざっくばらんに内容を話してくれた。その中に私がピンとくる作品があった。

「皆川さん、それは木の実ナナのミュージカルになりますよ！」

「まあ！　ほんとうですか？」

「どこかで飲みましょう！」

意気投合した私たちは新宿で地下鉄を降り、店に入った。

「それじゃ、今書いている出版前の原稿を送りましょうか？」

杯を交わし、ご機嫌になった女性作家は気前よく申し出てくれた。

「ぜひ、お願いします！」

電車での再会から一気に話が進んでいった。こうした偶然を味方にしてしまうのもプロデューサーの心がけのひとつである。

後日、生原稿をコピーした分厚い束四〜五冊が送られてきた。タイトルは『二人阿国《ふたりおくに》』。正月休みにじっくり読み込み、木の実ナナに再びの大舞台がめぐってきたことを確信した。

「これはイケる！　必ず舞台化してみせます」

あらためてミュージカル化を申し入れると、作家は快諾してくれた。

上々颱風、表参道に現わる！

『二人阿国』のモデルは、近世初期に歌舞伎を生み出したと伝えられる女性、出雲《いずも》の阿国《おくに》だ。

まず皆川博子の作品意図に即し、舞台の基本テーマを練ってみた。

①日本の芸能の流れが浮かびあがるようにする。

②売色もしていたという猥雑でしたたかな漂泊芸人「阿国」を描き出す。

③元気が出る、エネルギーあふれる舞台にする。

④現代との接点(芸人、政治、音楽、趣味、人の生き様)を描く。

⑤今までにない和製オリジナルミュージカルにする。

そして、ミュージカルには上等の音楽が欠かせない。

どんな音楽がいいだろう――。

ある時、アトリエ・ダンカンのスタッフからこんな情報を聞いた。

「表参道スパイラルＢ１のライブハウスに、ユニークなバンドが出演するそうですよ」

さっそく行ってみた。上々颱風《シャンシャンタイフーン》という変わったバンド名。それ以上に驚いたのは、まさに「阿国」の音楽だと直観できたことだ。女性二人のツインボーカルを中心にした七人編成で、和洋とりまぜた無国籍音楽。民謡からロックまで、あっけらかんとした明るさもあれば、もの哀しさもあり、とにかく不思議に元気を与えてくれるバンドだった。

善は急げと思い、終演後にリーダーの男性、紅龍《こうりゅう》にかけあった。

「ぜひ上々颱風を阿国一座にしたい！　音楽はあなたたちのオリジナル曲だけで構成します。歌詞はミュージカル風に書き直しますが、いくつかは上々颱風の詩もそのまま使いましょう」

「それは面白いですね！　でも、これから自分たちのCDを発売する予定なんです」

と紅龍が言う。

ライブの興奮さめやらぬ私は強引に頼み込んだ。

「阿国の舞台を先にやって、その後にあなたたちのCDを発売してもらえませんか？　きっとお互いのプラスになります。早く公演日を決めますから！」

まだ何も決まっていないのに、自分に背水の陣を敷いてしまった。もうあとには引けない。

だが一九八八年が明けると朗報が飛び込んできた。松竹芸能社長の勝忠男《かつただお》からだ。

「池田さん、朝日放送(ABC)が創立四〇周年記念公演に大阪で一か月、上演したいそうです。何か企画はないかと問い合わせてきました。どうでしょうか？」

私はこれだと思い、阿国の話をした。

「いけると思います！　企画書をください」と勝。

「はい、大至急！」

公演予定までは二年近くあったが、舞台づくりにとっては決して余裕のある時間とは言えない。

さあ、木の実ナナと上々颱風以外のキャストを決めなければ――。

「誰か若手で優秀な演出家はいないかな?」

今回は若手の脚本・演出による新しい表現を目指したいと思っていた私は、『ショーガール』以来の友人で演出助手の坂本聖子《さかもとせいこ》に聞いた。

「今、「地人会《ちじんかい》」で木村光一《きむらこういち》の助手をしている栗山民也《くりやまたみや》が一番よ」

演出家、木村光一は井上ひさしの戯曲を多く手がけている。そのうち一九七六年の『雨』では木の実ナナの出演で私も仕事に関わった縁がある。

坂本の紹介により、下北沢のバーで栗山と会うことになった。

「いいですよ、やりましょう! 脚本は「劇団ラッパ屋」の鈴木聡《すずきさとし》がいいと思う」

栗山も坂本も推薦するので鈴木と会うことにした。こうやって次々と人から人への出会いの輪が広がっていく。人との出会いをためらっていたらプロデュースは始まらない。もちろん、年齢も性別も国籍も関係はない。

栗山と鈴木には原作を読んでもらい、上々颱風のテープを聴いてもらってからカフェで会った。この時、私は四九歳、栗山民也三五歳。鈴木聡二九歳。上々颱風の曲も気に入ってくれた彼らとはすぐに打ち解け、旧友どうしのように話は盛り上がった。

ラストシーンについて私はある提案を持ちかけた。原作にはない、舞台ならではのアイデアだ。二人も賛同してくれた。

さあ、楽しみになってきたぞ!

舞台に広がる万華鏡

タイトルは原作の『二人阿国』を変えて『ABCミュージカル　阿OKUNI国』にした。公演は一九九〇年一一月。場所は一九八五年に大阪市天王寺区にリニューアルオープンした「近鉄劇場」だ。初日から大阪で公演するのは私にとっても初の経験だった。

制作予算と上演権についても松竹芸能と契約した。朝日放送が支払う劇場費以外のすべての制作費をアトリエ・ダンカンが一括で請け負うことになった。制作費とは、タレントやスタッフなどの人件費、衣装や美術の費用に加え、宿泊費、稽古場使用料などの一切合切である。

前売りチケットはみごとに完売した。原作者である皆川博子との約束から丸三年。ついに舞台初日の幕が上がった。

雄大な夕焼けをバックに、京都・四条河原と、そこに架かる大橋のスケール感あふれるセットが観客の目に飛びこんでくる。一気に阿国の世界にタイムトリップだ。美術はベテランの妹尾河童に依頼し、東宝・砧《きぬた》の撮影所を三日間借りてホリゾントの夕焼け空を描いてもらった。しかも照明によって色合いが変わる優れものである。もちろん河原や大橋のセットも妹尾の傑作だ。シーンによって、ある者は四条河原で、ある者は大橋の上で、めいめいに歌い、演じるという立体的な舞台である。

木の実ナナ演じる阿国に心惹かれる猪熊《いのくま》少将に、ピーターこと池畑慎之介《いけはたしんのすけ》。阿国の後継を目指す若手芸人お丹役に、アイドル歌手の芳本美代子《よしもとみよこ》。蜘蛛舞《くもまい》役の一蔵と二蔵に、アイドルグループ「忍者」の遠藤直人《えんどうなおと》と正木慎也《まさきしんや》。そして上條恒彦、若松武《わかまつたけし》(のち武史)、鷲尾真知子《わしおまちこ》といった頼れるベテラン陣に加え、個性派ダンサーたちから成る総勢四二人という大所帯だった。

一座の衣装をデザインしたのは人形作家、辻村《つじむら》ジュサブロー(のち寿三郎)。私が人形町のアトリエを訪れた時、ジュサブローはこう言った。

「万華鏡をのぞいているようなきらびやかな色で、まったく新しい現代の阿国像をイメージしてみたい」

その万華鏡はまさに実現した。赤、緑、黒、紫の色が、けんらんと舞台に咲き競う。阿国をはじめとする登場人物たちは、まるでジュサブローに命を吹き込まれた人形のように生き生きと動き回る。

〝人形たち〟の躍動には振付師、前田清実《まえだきよみ》の貢献も大きい。彼女のシンプルな振付によって、阿国を中心とした町衆の熱気がパワフルに表現された。ことさらに振付されている感じがせず、演者ひとりひとりの熱量が見る者にストレートに伝わってくるのだ。たとえば阿国のあとに続く踊りの行進など、見かけはバラバラだが不思議な統一感を見せてくれる。

そしてライブ感を際立たせたのが、表参道で発見した上々颱風の音楽だ。私は客席で観ながら、稽古場での紅龍の音楽指導を思い出していた。

「ハイ、ここはこんな気持ちで歌って」

ミュージカルでは譜面がきっちりあって、そのとおりにきっちり歌うのが普通だが、紅龍の教え方はまるで幼稚園の先生のよう。役者たちに感情の入れ方や強弱を優先させるのだ。それは、ミュージカルを多く手がけてきたプロデューサーの私にとっても新鮮な稽古風景だった。

舞台では紅龍が三弦バンジョーを鳴らし、サトちゃんこと西川郷子《にしかわさとこ》と、エミちゃんこと白崎映《しらさきえ》実《み》のツインボーカルがみんなを引っ張った。

河原を仕切る大将役の上條恒彦が登場する際、なぜかオペラ風に「オーソーレミーオ」と歌いながら出てきたり、いつも河原で寄り添って阿国の芝居を見ている三人組がいたりと、笑いの要素も満載だった。

そして、鈴木聡の作詞による『阿国のテーマ』をナナが軽快に歌う。

♪ほんとのいい気持ち　どこかにきっとある
ちょっぴり極楽おすそ分け　阿国と申します

この舞台の阿国はナナでなければ演じきれなかっただろう。彼女の新たな代表作が生まれたと思い、客席の私は満足感に包まれた。かつてナナに、いつまでも『ショーガール』の栄光に浸っていないで「トロフィーなんか押し入れにしまえ」とさとしたことなどを思い出し、感慨深かった。

『ミュージカル　阿ＯＫＵＮＩ国』のあらすじはこうだ。

豊臣から徳川へと政権が代わったころ。阿国一座は四条河原の人気者となる。そこに、戦乱で落ちこぼれ、世をすねた「かぶき者」の侍たちが現われる。その中心人物である猪熊少将と恋に落ちる阿国。同時に阿国は、かぶき者たちをヒントに「かぶき踊り」をあみだし、天下一の名をほしいままにする。

やがて、徳川家康が征夷大将軍の宣下のために京にやってくるという報《しら》せが。京を捨て江戸に移った家康を憎んでいる北野社の松梅院《しょうばいいん》は、家康の行列を踊りで混乱させるよう、阿国一座に命じさせる。一方、猪熊たちかぶき者の一派は、侍としての活路を求めて家康の暗殺を企てる。

愛する猪熊の計画を助けようと、阿国は人々を巻き込んで踊り狂う。その大きな渦は、ついに家康の行列に突進していった……。

そしてラストシーン。阿国と仲間たちがまっすぐ客席のほうを向いた。

ナナの阿国が叫ぶ。

「江戸へ！　江戸へ！　阿国が踊る場所が都になるんだーっ！」

全員が足を踏み鳴らす。そのまま客席まで駆け込んできそうな勢いだ。

これこそ私が脚本の鈴木と演出の栗山に発案した、とっておきのシーンだった。

割れんばかりの拍手のなかで初日の幕が降りた。

打ち上げは劇場ロビーでおこなわれた。原作者の皆川博子は柔和な目をうるませて駆け寄ってきた。朝日放送のお歴々も並んで、創立四〇周年を盛大に飾ることができたと満面の笑顔。主催者、制作者、演出家、メインキャストなどの挨拶が終わり、最後に私が紹介された。するとロビー全体から、「ワー！　池田さーん！」「イケちゃーん！」の大喝采。

五一歳の演劇プロデューサーは、言葉にならないほどの感動と感謝の気持ちに包まれた。

時空を旅する一座

二六日間の『ABCミュージカル　阿OKUNI国』では、旅公演ならではのエピソードもあった。今回は大阪での長期滞在となったため、役者やスタッフ全員がホテルから「近鉄劇場」に通っていた。ある日、楽屋の非常ベルがけたたましく鳴りだした。

「大変だ！　煙が出てるぞ！」

火元をさがしまわると、上條恒彦の控室から煙が外にもれ出ていたのだ。何かが焼けるにおいがする。はて、このにおいは……？　私は部屋に飛び込んだ。

「ジョーさん、ダメですよ、楽屋で魚を焼いちゃあ！」

「いやあ、いつも昼飯は楽屋で用意するんだよ」

上條はこともなげに言った。

「知ってますけど、近鉄劇場では楽屋で焼かないでください」

とにかく火事でなくて私たちはホッとした。彼は付き人が外から買ってきたおかずで昼と夜の食事をしていたのだ。

毎日の終演後は、劇場近くの飲み屋に上條が中心になって飲みたいメンバーが集まり、大阪名物を肴《さかな》に気炎をあげた。木の実ナナもホテルの部屋に時々仲間を呼んで飲んでいた。

現代から四〇〇年前へ。東京から大阪へ。この「阿国一座」は舞台の上でも外でも楽しく時空を旅していたのだ。

公演は全日大入りとなり、朝日放送と松竹芸能は興行収益を上げた。一方、アトリエ・ダンカンは制作予算の一・五倍かかってしまい、赤字分はダンカンの持ち出しに終わった。

経費がオーバーしていることは私もよく承知していた。しかし、それ以上に自分のプロデュースを信じ、良い舞台を創ることを優先していたのだ。

その甲斐もあり、公演終盤には各地のプロモーターから声がかかった。

まずは東京だ。初演の翌々年の一九九二年四月、『ミュージカル 阿ＯＫＵＮＩ国』は「Bunkamura シアターコクーン」で一五公演をおこなった。初演のラストシーンでナナが〝予告〟したとおり、ほんとうに阿国は西から「江戸へ！」やって来たのだった。同じ月に「愛知厚生年金会館」で四公演、「大阪厚生年金会館」で七公演と、三か所で大きな収益を上げることができた。

再演時にはすでにバブル景気は弾けていたが、約四〇〇年前に彗星のごとく歴史上に現われ、一九九〇年によみがえった女性芸能者・阿国は、疲れた現代人に「元気」を与え続けたにちがいない。新聞各紙でも好評だった。「祝祭的な上々颱風の曲に乗ったにぎやかな舞台」（朝日新聞、一

『ミュージカル 阿 OKUNI 国』(2007年)

九九八年七月二三日）、「エネルギッシュで猥雑で、舞台と客席が一体化する」（読売新聞、二〇〇三年七月一六日）、「時代に翻弄されながらも踊りへの情熱につき動かされ続ける阿国の姿を鮮やかに見せる」（東京新聞、二〇〇三年七月一七日）……。

『ミュージカル 阿OKUNI国』は、二〇〇七年の「新橋演舞場」と京都の「南座」に至るまで再演を繰り返した。

日本のミュージカルは、いい意味で弾けているぞ！

そんな思いを伝えたくなるような作品だった。

東山紀之をフラメンコの世界へ

若いころから私は、さまざまな音楽やパフォーマンスに魅了され、その感動をミュージカルの舞台を通して伝えてきた。そのジャンルのひとつがフラメンコである。

最初に強烈なインパクトを受けたのが、一九六四年に観た映画『バルセロナ物語』だった。スペイン出身のフランシスコ・ロヴィラ・ベレタが監督し、若きフラメンコダンサー、アントニオ・ガデスの名を世界に知らしめ、熟年のカルメン・アマヤが踊るフラメンコシーンも圧巻の作品である。原作は、劇作家アルフレッド・マニャスが〝スペイン版ロミオとジュリエット〟として書き上げた物語だ。私はこの映画を、東京・九段の試写室で観る機会を得た。

バルセロナ郊外で敵対しながら暮らす二つの家族。両家の若い男女が出会い、愛し合うが、親たちに引き裂かれ、悲劇を迎える……。情熱的で迫力満点のステップを見せるアマヤ、バルセロナのランブラス通りでステージのごとく跳ねまわるガデス、その相手役をつとめた一五歳のサラ・レサーナの可憐な舞いは、私の脳裏に焼き付いた。

それから二〇年を経た一九八四年、東京で開かれた「スペイン映画祭」でこの映画と再会することができたのである。

なんとか日本で舞台化したい。そう願っているうち、原作者の許可が得られそうだという情報を手に入れた。

確信をもった私は松竹に話を持ちこみ、松竹とアトリエ・ダンカンの共同制作、池田プロデュースによる「日生劇場」での公演が決まった。

まずはキャスティングだ。

「フラメンコに興味ある?」

男の主役ラファエル・タラントには、アイドルグループの少年隊でデビューし、知り合いでもあった東山紀之《ひがしやまのりゆき》に声をかけた。ダンスの技量はもちろん、フラメンコが持つ緊張感とクールな魅力を表現できる役者だと見込んでいたからである。

「はい、興味あります!」

即答した東山を『バルセロナ物語』の上映会に連れていった。一九六六年生まれの彼はこの映画と初めて出会い、初のミュージカル出演を決意した。

そしてスペインへ飛ぶ

東京から一万キロあまり。スペインの首都マドリッドに到着した私は、『バルセロナ物語』の作者アルフレッド・マニャスと会った。一九八九年のことだ。スペインへの旅は初めてだった。同行したのはフラメンコダンサーの斎藤克己《かつみ》。彼がマニャスに舞台化を打診し、会う手引きもしてくれたのだった。斎藤は日本のフラメンコ界では異端児といえたが、踊りのうまさでは日本でもスペインでも知られていた。木の実ナナやアトリエ・ダンカンのマネージャーの友人で、私もときどき会ってフラメンコの話をしたり、フラメンコダンサーの公演を観にいったりしていたのだ。スペインでのレッスン経験もあった斎藤は、スペイン語が堪能なので通訳も兼ねてもらった。

「大の日本びいき」というマニャスは、三〇年近く前の作品を遠い日本の地で舞台化したいという正式な申し出に、驚きを隠せなかった。三年後のバルセロナ五輪を前にして日本でもスペインブームが盛り上がり、フラメンコ人口も増加していることを話すと、この劇作家は約三日間、私たちと行動を共にしてくれた。

「日本公演を実現するためなら、なんでも協力しますよ」

恋と酒と踊りに情熱を注いだ自身の半生を追想しながら、マニャスは少年のような興奮と情熱をもって作品について語ってくれた。アパートで二人暮らしをしている娘さんとも懇意になった私たちは、親子そろって日本公演の初日に招待することを約束した。

そして、作品の舞台であるバルセロナに向かう。地中海の風を受けるこの都市で、フラメンコダンサーの稽古場を見学し、街を散策する。とりわけ、一九世紀から二〇世紀にかけて建築家アントニオ・ガウディが設計・建築に取り組み、死後も工事が続いているサグラダファミリアに強い感銘を受けた。舞台美術家の妹尾河童から聞いていた、日本人で唯一この教会の建設に参加しているという外尾《そとお》悦郎《えつろう》の彫刻も間近で見た。

時代を超えた芸術家ガウディの意志と、サグラダファミリアの完成に懸ける人々の熱意に心をゆさぶられる思いで、スペインの地をあとにした。

炸裂するラテンのリズム

脚本は鈴木聡、演出は栗山民也という『ミュージカル 阿OKUNI国』の名コンビに依頼した。音楽には「この人しかいない」と思い、世界的名声を得ているジャズギタリストの渡辺香津《かず》美《み》を口説いた。スペインを案内してくれた斎藤克己にはフラメンコの振付を頼んだ。

東山紀之の相手役ファナ・ソロンゴには、『つぐみ』などの映画主演で脚光を浴びていた牧瀬《まきせ》里穂《りほ》。東山とともにミュージカル初登場である。加えて上條恒彦、李麗仙、余貴美子《よきみこ》らの実力派がまわりを固める。

一九九一年一二月六日、「日生劇場」でのスパニッシュ・ミュージカル『バルセロナ物語』の

『バルセロナ物語』(1991年)

幕は上がった。

ファナ（牧瀬）の父であるロセンド・ソロンゴ（上条）は、かつてアングスティアス（李）をタラントと奪い合い、敗れた過去を持つ。

「俺の愛するものを、また奪いにきたのかタラント！」

ソロンゴがタラントの息子ラファエル（東山）に憎しみの言葉を投げつける。大人たちの怨念を振り払うように、手をとり合い、裸足のまま駆け出す恋人たち。その行く手に待つのは……。踊り手たちの熱いフラメンコダンスがステージ上を埋め尽くし、ラテンのリズムが劇場に炸裂する。役者たちの芝居も重厚で、スペインと日本という時空を超えて描かれる至上の愛が拍手を巻き起こした。

興行的にも松竹、アトリエ・ダンカンともに収益を上げることができた。自分が若き日に魅せられたフラメンコで、自慢のミュージカルを仕上げることができた。夢はかなったのだ。

『血の婚礼』で森山未來が卒業

『バルセロナ物語』を公演した一九九一年、フラメンコを題材にした新たな映画を観た。F・ガルシア・ロルカ作、アントニオ・ガデス主演の映画『血の婚礼』だ。フラメンコへの私の熱い思いはやまず、十数年後に再び別の舞台に結実することになる。

「フリーになりたいんです」

二〇〇七年の春、私は突然の相談を受けた。

相談してきたのは、アトリエ・ダンカン所属のホープで、まだ二二歳の森山未來《もりやまみらい》だった。二〇〇〇年には私のプロデュースによるミュージカル・コメディー『ママ・ラヴズ・マンボ』で黒木《くろき》瞳《ひとみ》の息子役を好演。〇四年には映画『世界の中心で、愛をさけぶ』で多くの賞を受賞し、注目を集めた。

若すぎる。いくら豊かな才能を持っているとしても独立はまだ早い。

引きとめたが、森山はその後も相談にやってきた。

彼の意志は固かった。無我夢中に跳ねまわっていた少年も、いつしか人生を本気で考え始める一人の青年に変わっていたのだ。

「わかった。そのかわり、君のために用意した舞台が終わるまでは誰にも言うな。この舞台に情熱を傾けてやり通せ！」

それが、私からの贈る言葉だった。

森山のために用意した舞台――。それが『血の婚礼』だった。

『血の婚礼』(2007年)

南スペイン・アンダルシアの大地を舞台に、人間の愛と業をむき出しに描き、フラメンコブームの発端にもなった作品である。映画を観て以来、この物語をいつか舞台化したいと夢見ていた。森山未來が成長するにつれ、宿命に突き動かされる主人公レオナルドを演じるのは彼しかいないと確信するようになったのだ。

演出は白井《しらい》晃《あきら》に依頼した。俳優活動と並行して演出も手がけ、『ラ・ヴィータ』『ムーン・パレス』などの舞台作品で受賞を重ねている。プランを話すと「ぜひ、やらせてください！」と好反応だった。白井は私と打ち合わせを繰り返して脚本を仕上げたが、リハーサルに入ってからは演出を決めこまず、ていねいに稽古を続けるなかで役者と一緒に細かく創り上げていった。

「均一な文字で書かれた台本を生きたものにしていくのが稽古で、役者は言葉の意味を説明するのではなく台詞をどう感じているか、つまり、どう舞台の上にいられるか、なんです」というのが白井の持論だった。

音楽と振付は、『バルセロナ物語』でも力を借りた渡辺香津美と斎藤克己にお願いした。二人には大きな信頼を寄せていたのだ。とくに『血の婚礼』の音楽は従来のフラメンコの曲ではなく、あえて生ギターによるオリジナル曲でやりたいと思った。渡辺に何度か会って話した結果、本人も乗ってくれた。

森山が演じるレオナルドと駆け落ちする「花嫁」には、歌手・女優として活躍中のソニンを起用した。彼女は二〇〇四年に私がプロデュースした『8人の女たち』で舞台デビューしていた。主演の森山も、私との約束を果たそうと全力で稽古に取り組んでいた。

『血の婚礼』の舞台公演は二〇〇七年五月に「東京グローブ座」。その後、長野、大阪、名古屋、広島、福岡などを巡演する。私はＴＢＳにも企画を持ちかけ、同局との共同制作となった。チケットの売れ行きは好調だった。十数年間、思い描いていた舞台の幕がついに上がったのだ。

幸せな家庭を誓うはずの婚礼の日、花嫁はかつての恋人と逃げ出してしまう。その恋人とは、あろうことか花婿の父親と兄を殺した一族の男だった。罪の意識と愛欲に引き裂かれながら、乾いた大地でもつれあう男と女。

レオナルド（森山）　何も言うな！　もう俺たちは踏み出してしまったんだ。あいつらは追いかけてくる。俺はお前を連れて行く。一緒に来るんだ！
花嫁（ソニン）　力づくで連れてくの？
レオナルド　力づく？　誰だ？　先に階段を下りたのは。

花嫁　　　あたしよ。
レオナルド　誰だ？　馬に手綱をつけたのは。
花嫁　　　あたし。
　　　　　……
花嫁　　　ああ、あなたの皮膚に手を入れて、あなたの血管を引き裂きたい‼　好きよ！　好き！　愛してるの、とっても。

役者たちが渾身の演技を見せ、詩的で品もあり、なおかつ人間の奥底にうずまくものを描く〝愛の神話〟が完成した。ガルシア・ロルカの世界を日本語の舞台にのせることができたと感じた。バックで渡辺香津美の奏でるギターの音色も心に深く響いてきた。

この作品を読売新聞は次のように評した。

「日本的な情念とは異なる、より乾いた、愛のむき出しの交歓が、遠くスペイン南部アンダルシア地方の乾燥を思わせる。（中略）森山は鍛え上げた体すべてを使い、荒ぶる血を表現する。その踊りは舞台を圧し、主役としての存在感を強烈に印象付ける」（二〇〇七年五月一六日）

後日、演出の白井晃からお礼の手紙が届いた。森山のことにも触れている。

「俳優が成長していく過程で、親元を離れていくのは、幾分寂しいものですが、未來君の今後の活躍も、兄貴の気分で見守りたいと思います」

まだあどけない少年時代の森山の顔が脳裏に浮かんだ。

こくまろなミュージカル

エンタテインメントの多くがそうだが、すぐれた作品を創りあげるためにはどうしても費用がかかるものだ。とりわけ毎日がライブである演劇は、ひとつの公演に対し、役者やスタッフに長期間かかわってもらう必要がある。決してコストパフォーマンスが良いとは言えない。だから、いまや演劇にスポンサーの存在は欠かせなくなっている。

「こくまろって、どういう意味なんですか？」

私は素朴な質問をハウス食品の担当者にぶつけてみた。「こくまろ」とは、一九九六年から販売されている同社の商品「こくまろカレー」のことである。

「こくのあるルウと、まろやかなルウをブレンドして、よりおいしくなったカレーのことです」

という答えだった。

つまり、それぞれの味の良さを足していったものが「こくまろ」というわけだ。

「なるほど、これは使える！」と私は直感した。

ハウス食品とは、一九九五年にプロデュースした西田ひかる主演の『楽園伝説』で特別協賛についてもらって以来の関係だった。

西暦が二〇〇〇年代に変わるころ、世話になっているハウス食品のために「ハウス食品スペシ

『こくまろな女達』(2001年)

ャル」として新しい舞台企画を提案しようと考えていた。そこに「こくまろカレー」がヒントを与えてくれたのだ。

主役は近所どうしの女性たち。結婚って何だろう？　人生って？　幸せって？　そう思いながら暮らす専業主婦、働く主婦、これから結婚する女性の悩みと愚痴の日々……。ある日、彼女たちは気がつく。「自分が変わらなきゃ何も変わらない！」と。それぞれの良さを足していくことで素晴らしい人生が待っている――というテーマで企画書をつくった。日常を舞台にしながらも、歌ありダンスありの元気いっぱいのミュージカルにしたいと思ったのだ。

「うまいこと考えましたね！　こくまろカレーの企画ですね」

担当者も喜んでくれたので、すぐ実行に移した。

主役の主婦に、実際に二児の母として主婦業もこなしていた、かとうかずこを抜擢。歌える専業主婦に森公美子、子持ちの専業主婦に高田《たかた》万由子《まゆこ》と宮地《みやじ》雅子《まさこ》、服飾デザイナーに宝塚出身の真《ま》矢《や》みき、ボクササイズのインストラクターに風間《かざま》水希《みき》。多彩なメンバーの〝未知の味〟を足していくことも、こくまろなミュージカルならではの試みだった。

とりわけ忘れがたいキャスティングが、かとうかずこの姑役で私と同い年の五月《さつき》みどりだ。

「わたし、セリフが覚えられないのよ」

一九六〇年代に『おひまなら来てね』などでヒット歌手となり、日活ロマンポルノや時代劇など女優としても幅広く活躍してきた人気スターは、依頼した当初、舞台出演をためらっていたのだ。

「大丈夫です。みんなでフォローしますから」

私はなんとか彼女を安心させ、了承してもらった。

ところが幕があいてみれば、ちゃんとセリフを覚えているではないか！

五月みどりはとても優しく穏やかな人で、舞台でも日常でも実年齢よりずっと若く見えた。

ハウス食品スペシャル『こくまろな女達』は二〇〇一年八月、「Bunkamura シアターコクーン」で公演された。全員よく歌い、よく踊り、楽しい舞台になった。公演は大入り満員で、ハウス食品も大喜びだった。

ちなみに、リハーサル時には稽古場へ記者たちを取材に招き、その場で皆さんに「こくまろカレー」のカレーライスをふるまった。それも、こくまろなミュージカル公演の忘れがたい一コマである。

第6章

お笑いだョ！　全員集合

クレージーキャッツの思い出

舞台プロデューサーをしてきた長い経験のうちには、コメディアンと呼ばれる、お笑いの世界で活躍する方々との出会いも多かった。

一口にお笑いといっても、彼らにはさまざまなタイプ、異なる魅力があり、いつも楽しく刺激的な仕事をさせてもらった。私にとって、その原点はやはり渡辺プロ時代にある。たとえば、ハナ肇とクレージーキャッツ(以下、クレージーキャッツ)の曲づくりの〝現場〟だ。

渡辺邸にはつねにタレントやクリエイターが出入りし、晋社長を囲んでいた。時には、放送作家で作詞家の青島幸男《あおしまゆきお》、作曲家の萩原哲晶《はぎわらひろあき》、そしてクレージーキャッツの面々が一堂に会した。

青島と萩原は一九六一年の『スーダラ節』をはじめとするクレージーキャッツの曲でヒットを連発した名コンビだ。

居間でくつろぎながら、即興で一曲が出来上がることも少なくなかった。

「女房に捨てられる男の歌、っていうのはどうだ?」

晋社長がアイデアを出す。

青島が最初のフレーズを考える。それを萩原がピアノを弾いてメロディにする。

「女房にしたのが大まちがい」「炊事せんたくまるでダメ〜」

ハナ肇らが面白がって歌詞をつなげていき、植木等《うえきひとし》の名調子が飛び出す。

「プイと出たきり　ハイ　それま〜でヨ〜」

全員が爆笑する。この歌詞がそのまま使われ、ヒット曲のひとつ『ハイそれまでョ』が誕生したのだ。

六〇年代のあのころ、自由でクリエイティブな時間を、お茶を運ぶなど現場に居合わせた私もニコニコしながら楽しんでいたものだ。

コサキンの旗揚げをプロデュース

一九八四年ごろ、浅井企画から小堺一機《こさかいかずき》の舞台を制作してほしいという依頼が来た。

浅井企画は、芸能マネージャーだった浅井良二《あさいりょうじ》が一九六八年、創業と同時に萩本欽一《はぎもときんいち》、坂上二《さかがみじ》郎《ろう》の二人をコント55号として世に送り出した事務所だ。

小堺は関根勤《せきねつとむ》とともに、事務所の先輩である萩本の人気バラエティ『欽ちゃんのどこまでやるの!?』(テレビ朝日)などへの出演で知られるようになり、フジテレビの昼番組『ライオンのいただきます』の司会に抜擢された。

小堺の舞台づくりにあたって、私は『ショーガール』の演出助手で気心の知れていた菅野《すがの》こうめいに構成・演出を相談した。彼もやる気になって、二人でタイトルを『小堺クンのおすましで

SHOW』と決めた。

テレビ番組や関根とのコントライブは見ていたが、小堺本人とじっくり話すのは初めてだった。テレビや舞台でのひょうきんなイメージとは異なり、なかなか理論的な話しぶりで、自分のやりたいことをきちんと言葉にしてくれた。

「ぜひ成功させてシリーズにしたいんです」

『小堺クンのおすましでSHOW』(1985年)

その意気を受け止めた私は、「PARCO劇場」を借りて渋谷からスタートすることにした。お笑い芸人からエンターテイナーへの脱皮を目指したのだ。

一九八五年八月二日に始まった本番では、お笑いコント、ポップスを中心とした歌唱、関根勤とのしっかりしたシナリオのあるショートコントなど、楽しさに加えて品もある舞台になった。

当時二九歳の小堺がノリまくって話が長くなり、サービスオーバーと思われるところもあったが、全体としてひとつのスタイルを成功させることができた。まだ私が『ショーガール』のプロデュースを続けていた時期でもあり、新しい舞台シリーズを一本創り出せたことに満足した。二回目以降は浅井企画と小堺の主導で、二〇年以上も続くシリーズ上演となった。

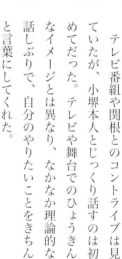

シリーズとして定着した『小堺クンのおすましでＳＨＯＷ』に刺激を受けたらしい。小堺より二歳上の関根勤も、自分の一座を組んで舞台をやりたい意欲を見せていると、浅井企画が伝えてきた。

「それなら、小堺クンと良きライバルになるような舞台にしましょう！」

私は即ＯＫした。

まずは劇場選びだ。小堺の一回目はおしゃれな「ＰＡＲＣＯ劇場」だったが、関根には庶民的な浅草の「常盤座《ときわざ》」が合うのではないかと思った。

『カンコンキンのびっくり箱』(1989年)

「常盤座」は明治時代の一八八七年、浅草公園六区に初めて誕生した劇場で、浅草オペラ、道化踊《どうけおどり》、歌舞伎、ストリップなどで日本屈指のにぎわいを見せ、一〇〇年近い歴史を刻んできた。一九八四年に休館の憂き目にあったが、「浅草おかみさん会」の奮闘によって三年後に復活したのだ。

私は関根と会って、まず本人の希望を聞いた。彼は普段でもまったく人柄が変わらなかった。明るくニッコリと笑って「ヨロシクお願いしますね」などと、いたって気さくである。

関根が構成をすると言うので、私は内容をフォローできる優秀なスタッフを集めた。それでも彼は、一座の誰に対しても分けへだてなく、いつも笑いにつつまれたリハーサルをしていた。小堺のように真剣に悩む様子もなく、冗談だか本気だかわからない展開のうちにコントやダンスが進行していく。

バカバカしいことがほんとうに好きなんだなあ。

関根を見ていて、つくづく感心した。

『カンコンキンのびっくり箱』は、一九八九年六月三日より上演された。「カンコンキン」とは、「関根勤」の音読みである。復活した「常盤座」は、伝統を感じさせながらもモダンな明るい劇場だったので、陽気な関根のひきいるカンコンキンシアターにピッタリだった。森公美子、ルー大柴《おおしば》、ラッキイ池田などのゲストたちと一体になった、歌あり笑いありの旗揚げ公演は観客にも大いに喜ばれた。

小堺のシリーズと同じく、カンコンキンシアターも二回目からは浅井企画に主導してもらった。

小堺一機と関根勤。略してコサキン。正式なコンビではない二人だが、お笑いの世界では理想的なライバルどうしと言えるだろう。

笑わない男　志村けん

その男は、やや緊張した様子で目の前に座っていた。

お互いに顔見知りではあるが、ほとんど話したことはなく、私も緊張ぎみだった。

二〇〇四年のある日のこと。場所は東京・麻布。そこは男の行きつけの居酒屋だった。アメリカンスピリットの煙をくゆらせながら、もの静かな口調で男はしゃべり始めた。

「バカ殿を、ダチョウ倶楽部を入れてやりたいと思います。コント集もやります。それから津軽三味線を弾きたいんです。あと、藤山寛美《ふじやまかんび》の芝居をね」

舞台への思いを淡々と口にしていく。表情は真剣そのもの。冗談も言わない。

テレビで見せる顔とはまったく違うな――。

これが「バカ殿様」や「変なおじさん」を怪演してきた人物とは信じられないほどだった。男の名は、志村《しむら》けん。日本人なら知らない者はいないであろう偉大なコメディアンである。

「志村が舞台をやりたいと言っているんだが、イケちゃん、どうだろう?」

最初に相談してきたのは、イザワオフィスの井澤健だ。私が渡辺プロに入社した時、渡辺晋社長の自宅のガレージで同居して以来の仲だった。

井澤は渡辺プロ在籍時からザ・ドリフターズ(以下、ドリフ)のマネージャーをやってきた。一九七九年のイザワオフィス設立にともない、人気絶頂のドリフも移籍。もちろん志村もずっとイザワオフィスの所属だった。

私は同じドリフのメンバー加藤茶《かとうちゃ》を、この二〇〇四年春に「青山劇場」でプロデュースしたミュージカル『スター誕生』にキャスティングした。加藤は「チョットだけョ！」「加トちゃんぺ」などのギャグを飛ばすテレビのイメージそのままに、ふだんでもカラッとした陽性のムードを発散する男だ。それとは対照的に、目の前で舞台の構想を話す志村はどこか修行僧のような風情を漂わせていた。笑いのプロフェッショナルだが、こういう場では「笑わない男」なのだ。志村けんと加藤茶の対比は、小堺一機と関根勤のそれにも似ているところがあった。

すでに成功した身でありながら、五〇代半ばで自分の一座を旗揚げしようというのだから、リスクも承知の真剣勝負だったと思う。

「脚本は朝長浩之《ともながひろゆき》に頼みたいと思います」

志村が話を続けた。放送作家の朝長は、「バカ殿様」をいつも手がけている重要ブレーンだ。

志村の頭には、すでに舞台の綿密な設計図が描かれていたようだ。

私は目の前の男に、ある人物の面影が重なって見えた。

いかりや長介《ちょうすけ》。この年の三月に七二歳で逝去したドリフのリーダーだ。努力家で仕事に厳しい男だった。伝説となったバラエティ番組『8時だョ！全員集合』(TBS)をはじめ、ドリフの芸の質が維持されてきたのは、妥協を許さない彼の力によるところが大きい。稽古場には常にいかりやの怒声が響いていた。ドリフとの共演が多かった音楽グループ、キャンディーズの三人娘でさえ、稽古中は冗談を言える雰囲気ではなかったという。

仕事に対する志村の徹底ぶりには、リーダーいかりやの影響も大きかったのかもしれない。私と話す志村は、緊張した表情を最後まで変えなかった。

「公演の時期はいつでもいいですが、なるべく早く」

はやる気持ちがにじみ出ていた。

「わかりました。私もスタッフ・キャスト、芝居の企画、公演会場、スケジュールの案を考えてきます。また会いましょう」と言って、彼と別れた。

志村けんの喜劇人としての意気込みとクリエイティブな感性、そして笑いを愛する心が伝わってくる対面だった。

ラサール石井と組ませる

志村の企画は、笑いに対する限りない夢と愛情を感じさせた。しかし、いかに思いのあふれる企画と出会っても、プロデューサーとしての客観的な視点を忘れるわけにはいかない。それは、せっかく劇場に足を運んでくれるお客さんの姿を思い浮かべるということでもあった。

劇場で新しい芝居もやるのだから、いつもと違う志村けんも見せなくては。

まず、演出家を立てようと思った。志村が自分で演出するのは部分的にして、全体的な構成や流れは別の人物にやらせる。あるいは志村とぶつかるかもしれないが、コラボの成果に期待をかけた。今井《いまい》絵理子《えりこ》、島谷《しまたに》ひとみ、仲間《なかま》由紀恵《ゆきえ》が主演したミュージカル『スター誕生』で演出をまかせたラサール石井がいいだろう。コント赤信号でデビューし、知性派タレントとして脚本や演出も手がける彼は、コメディ、芝居の両方に精通していた。

私は、次の三点を重視した。

①コントを新しく作る。

②芝居は松竹新喜劇の本格人情劇から藤山寛美の演目を選ぶ。

③出演者は個性的で豪華なメンバーに。

公演タイトルも私が考えた。

『志村魂《しむらこん》』

喜劇王の魂が込められた、志村そのものを表現するタイトルだ。

ラサール石井と会った。コントの脚本はいつもの朝長浩之に加え、志村と組んだことがない脚本家にも頼もうという話になった。ケラリーノ・サンドロヴィッチ、妹尾匡夫《せのおまさお》、ラサール石井。このラインナップでコントを書く案に、私も乗った。

芝居については、志村が尊敬している藤山寛美のVTRを買って研究した。上方喜劇界で一世を風靡《ふうび》した寛美は、多くの名作を残して一九九〇年に六〇歳で他界している。「アホ役」に徹したその演技は、まさしく志村けんに通じるものがあった。私は、寛美のVTRのなかでも『一姫二太郎三かぼちゃ』(原作・茂林寺文福)が一番気に入った。志村やラサールも同意した。

キャストには、もちろんダチョウ倶楽部の三人は欠かせない。それに加えて、地井武男《ちいたけお》や多岐川裕美《たきがわゆみ》など喜劇ではあまりお目にかかれないベテラン俳優にも声をかけた。

出演者が多く、内容もバラエティに富んでいるため、セット、衣装、かつらや小道具も多くなり、相当に予算がかさむ。協賛スポンサーも必要だ。そこで、志村が以前からCM契約しているパチンコ・パチスロメーカーのSANKYOに目をつけた。

私は初めての組織などと交渉をするとき、その担当窓口だけで終わらせず、より権限を持つ人に近づいていく。核心を攻めて城を落とすのだ。

「舞台ならではの輝きがあるのです。必ず話題になりますよ！」

SANKYOを何度か訪れ、舞台による宣伝効果を根気よく伝えたことでOKをもらうことができた。

公演場所は池袋西口の「東京芸術劇場」に決まった。バブル期の一九九〇年にオープンした劇場で、その中ホールを使用。東京公演後は名古屋の「中日劇場」へ移動することになった。

さあ、稽古が始まった。準備はすべて整ったのだから、ここまで来たらプロデューサーの私は口を出さず、裏方に徹する。あとは演出家を中心に進んでいくのだ。

孤高の喜劇王

志村の稽古スタイルは、まず飲み会から始まる。彼の横にはいつもダチョウ倶楽部の上島竜兵《うえしまりゅうへい》がいた。相性がよかったのだ。酒を飲みだすと志村の話は終わらない。稽古のあとも飲んでいた。ほんとうによく飲む男だった。

『志村魂』(2006年)

チケットの前売りは好調。稽古も順調で、楽しい雰囲気のうちに進んだ。ラサールは志村の意向を確かめながら、なおかつ一座が集中できるよう気を配っていた。

コント集では、やはり志村とラサールの意見が食い違う場面も多かった。いつもとテイストの異なるコント脚本もあった。だが、何度も吟味するうち、さすがの志村も「じゃ、これでやってみようか」と気持ちが傾いていったようだ。

津軽三味線は、演奏家の上妻《あがつま》宏光《ひろみつ》が以前から志村に稽古をつけていた。上妻は志村より二〇歳以上若い。古典の独奏に限らず、さまざまなアーティストや舞台、映画に楽曲を提供するなど多彩に活躍している。父が三味線奏者だった私も、志村の稽古を興味深く見ていたが、喜劇とはまったく違う芸に打ち込む姿勢と迫力に圧倒された。真剣な志村の三味線を聴いたお客さんの驚く顔を見るのが楽しみになってきた。

松竹新喜劇の『一姫二太郎三かぼちゃ』では、ラサールがはりきって芝居を仕切っていた。笑いと涙。志村けんの新境地が開けそうだと確信した。

そして二〇〇六年四月六日、ＳＡＮＫＹＯ『志村けん一座旗揚げ公演　志村魂』初日の幕は上がった。
「殿、舞台でござる‼」
宣伝チラシのキャッチコピーのとおり、待ちかねていた客席は幕開け早々から盛り上がった。まず「バカ殿様」が大ウケ。志村が山口もえや地井武男と珍妙なやり取りをかわす。

志村　そのほう、名はなんと申す？
もえ　もえと申します。
志村　歳はなんぼだ？
もえ　二八でございます。
志村　食べごろだな。そのほう、わたしをどう思う？
もえ　お慕い申しております。大好きです。
志村　くぅぅ〜。大好きってか。爺、布団敷けや。
地井　昼間から何をおっしゃっているのです。なりません。
志村　ケチ。

やはり志村けんは、日本一の「笑わせる男」だった。

『志村魂 8』(2013 年)

コントライブも爆笑の連続。津軽三味線には大きな拍手。芝居にも感動してもらえたようだ。内容も演目も多岐にわたり、客席にいる私も満足感に浸った。志村自身も満ち足りた表情だった。

だが、毎日の終演後の飲み会は志村のダメ出しの場になる。それは深夜にまでおよぶこともあった。

「おまえ、あれ、あそこはもっとこうしなくちゃ！」

ダメ出しは、まず言いやすいダチョウ倶楽部のメンバーから始まり、やがて女優陣にも及んでいく。志村は舞台にかける熱量も大きかったが、自分の思いどおりにできるという過信も少なからずあったのだろう。人の意見はほとんど聞かず、言いたいことをどんどんしゃべった。飲んで、しゃべり、また飲んだ。

ようやく飲み会(反省会)がお開きになり、赤ら顔でひとりタクシーに乗りこむ志村。私はその背中に、ふと「孤高」の二文字を感じた。

日本一のコメディアン。その敬称は飾りものではない。志村の生きざまからは、ひとつでも多くギャグを生み出し、笑いの本質をきわめなければという、求道者のような悲壮感さえ伝わってきた。そのために、酒で自分を鼓舞していたのだろうか。

志村よ、とにかく健康を保ち、いつまでも最高の喜劇王でいてくれ――。

そう願わずにいられなかった。

東京でも名古屋でも、志村けん一座の旗揚げ公演は興行的にも成功をおさめた。

喜劇王が自ら舵を取る『志村魂』は、演目やキャストを替えながらシリーズ化されていった。

藤山寛美の演目は、二年に一回は新作に挑戦。『一姫二太郎三かぼちゃ』のほか、同じ原作者による『人生双六《すごろく》』『初午《はつうま》の日に』『先《ま》づ健康』を上演した。また、二〇一二年の七作目、二〇一三年の八作目では、かつてバラエティ番組『志村けんのだいじょうぶだぁ』(フジテレビ)のコントで志村と名コンビを組んだ、いしのようこに声をかけた。志村も再会を了解した。芝居もコントも達者で華もある彼女は、舞台をさらに沸かせてくれた。

八年間で八作品をプロデュース。私にとって『志村魂』は、『ショーガール』『ミュージカル阿OKUNI国』に次いで再演の多い舞台作品となったのである。

第7章

新世紀も冒険の舞台へ

浅丘ルリ子、登場！

思い返せば、舞台プロデューサーとしての人生航路ではほんとうに多くの人々に力を与えられてきた。役者、クリエイター、バックステージ(舞台裏)を支えるスタッフ、そして演劇ファン。誰もがひたむきで熱く、時には繊細でもある愛すべき存在だ。そうした〝仲間たち〟との一期一会は、二一世紀という新時代を迎えてからも、より新たな冒険の舞台へと私を駆り立ててくれた。

圧巻は稽古初日だった。稽古場に現われたその女優は、本番さながらの豪華な衣装。居合わせた全員が「さすがー！」と拍手した。

日本を代表する大女優のひとり、浅丘《あさおか》ルリ子。彼女の本気が稽古場を一気に炎上させた。

「えらそうな顔してるけど、完全に破産してスカンピン！」

浅丘に対し、面と向かって罵倒し始めたのはミュージカル界のスター、木の実ナナだった。

「破産したって頭はイカれてない！」

浅丘がナナをにらみ返す。

「この老いぼれ！」ナナがさらに毒づく。

「くそったれ！　最低！」浅丘が負けずに反撃。

えらいことになった。一九四〇年生まれの浅丘と、六歳下のナナ。キャリアも分別も十分なはずの熟年女優二人が、つかみかかりそうな勢いでケンカを始めたのだ。女と女の戦い。しかも女優のプライドが火花を散らすかのような……。まわりのスタッフはその場に固まってしまった。

「よくもやったわね！」

ついにナナが浅丘を蹴ろうとする。その勢いで、かつらが吹っ飛ぶ。

「ＯＫです！　素晴らしい！」

うれしそうな声を出したのは、そばで見ていた演出家の宮田慶子《みやたけいこ》だ。鬼の形相だった二人の女優は一瞬にして表情をやわらげ、笑みを交わす。

やった！　思ったとおりだ。

私はほくそえんだ。

そう。これは芝居の稽古だった。みんながそれを忘れそうになるほど二人の演技は真に迫っていたのだ。演出の宮田は「劇団青年座」の所属で、松竹や新国立劇場、パルコなどが主催する作品も多く手がけていた。彼女もまた、目の前のバトルに成功を確信したにちがいない。女優二人の壮絶なぶつかり合いはこの舞台作品の核心なのだ。

私が目をとめたのは、ブロードウェイ・ミュージカル『コーラスライン』の脚本を担当したジェームズ・カークウッドの舞台作品 *Legends!*。一九八六年の初演で、キャロル・チャニングとメアリー・マーティンの二大女優の主演により全米で大ヒットした。あらすじは以下のとおり。

〝伝説の女優〟レアトリスとシルヴィアは近年、仕事がなく破産寸前。そこへオフ・ブロードウェイのプロデューサーが舞台の話を持ちかける。しかし二人の女優は犬猿の仲だった。のどから手が出るほど仕事が欲しいのに、ひさしぶりに会った二人はたちまち大ゲンカに。はたして上演はできるのか……。芸能界のバックステージと、老いを迎える女優たちの深い孤独が、笑いの中から浮かびあがる。

私はまずシルヴィア役に木の実ナナをあてた。そしてレアトリス役に、ぜひ浅丘ルリ子がほしいと思った。日活の看板女優として、石原裕次郎《いしはらゆうじろう》や小林旭《こばやしあきら》と共演し、渥美清《あつみきよし》主演の映画『男はつらいよ』シリーズでの威勢のよいマドンナ役でも名高い。自分と同世代の大スター浅丘に、いつかチャンスがあればと思っていた私は猛アタックを始めた。

「衣装は浅丘さんの希望どおりにします。デザイナーも浅丘さん希望の芦田淳《あしだじゅん》さんがいいと思います。台本に歌はありませんが、アンコール形式にして最後に浅丘さんと木の実ナナの二人で歌ってダンスするシーンを加えます！」

すると浅丘も乗ってきて「それなら曲も相談させて」と意見を出し始めた。

「もちろんです。懐かしのブロードウェイ・ミュージカルから選曲します！」

浅丘の出演が決定した。同じく浅丘ファンであるナナも大喜び。この時点で公演の成功は見えていた。

そして『伝説の女優』は、二〇〇二年一一月から一二月にかけて「アートスフィア」で公演された。

舞台では、ナナも浅丘も体があざだらけになりそうなほど存分に暴れ回った。

翻訳の常田《つねだ》景子《けいこ》と演出の宮田慶子と私の三人で何度も打ち合わせを重ね、原作を昇華した丁寧なドラマを創り上げたことも成功の一因だった。

二〇〇四年に同じく「アートスフィア」で再演。二〇〇六年の再々演では九州・沖縄まで足をのばした。

じつは浅丘は大劇場での公演がほとんどで、地方には絶対に出向かないといわれていた。その彼女が初めて旅公演を楽しんだのだ。それほどこの作品にほれ込んでくれたのだろう。

『伝説の女優』(2006 年)

のちに彼女は自著『咲きつづける——女優浅丘ルリ子』で「舞台は生もの。その面白さと味わいがまた深くなった気がしました」と書いている。ミュージカル『伝説の女優』が、浅丘ルリ子という大女優の伝説をさらに広めていく機会となり、うれしい限りである。

浅丘ルリ子と木の実ナナ。カーテンコールで披露された〝伝説の女優〟二人の歌声が、今も私をしびれさせる。

わが娘をプロデュース

「有希子、おまえしかいない！」

私は真剣に彼女を口説いた。

「まさか私？」

無謀――。彼女はそう思ったらしい。

彼女とは、私の娘、池田有希子のことである。

わが娘を舞台の主役に――。というより、女優・池田有希子こそ新しく企画している舞台作品にうってつけだと判断したのだ。企画のきっかけは、そもそも有希子に薦められたイギリス映画『リトル・ヴォイス』だった。一九九九年にこれを観た私は、絶対に日本で舞台にすると決心した。その七年前にロンドンで上演された舞台作品を映画化したものだった。

主役の女性、リトル・ヴォイス（LV）は、愛する父親を亡くしたあと絶望から二階の自分の部屋に閉じこもり、父親が大切にしていたレコードを繰り返し聴いている。ジュディ・ガーランド、マリリン・モンロー、シャーリー・バッシー……。やがて、そのレコードの歌声が彼女の「心の声」になっていく。LVは亡き父への想いと言い表せない自分の悩みをひとり、部屋で歌うことで訴えていた。そんな娘をわずらわしく思う大酒飲みの母親マリーはある日、三流興行師でプロデューサーのレイを家に連れ込む。たまたま部屋から聴こえてきたLVの完璧な歌声を聴いたレイは思わずガッツポーズ。LVを舞台に引き出し、一発当てようと企む……。悲しくて滑稽《こっけい》。けれど感動的な物語だ。

このLV役に私は有希子を推したのだ。それは傍《はた》から見れば、まるで物語の中のプロデューサー、レイのような熱心さだったかもしれない。

一九七〇年に生まれた有希子は、高校時代にアメリカに留学した。英語力を身につけ、歌やタップダンスにも熱を入れ、インタロッケン芸術高校の演劇科に進んだ。帰国後の彼女の初舞台は、学習院大学哲学科に在学中の一九九〇年。『沢田研二ACT ボリスヴィアン』に、客席で物を売る役で出演した。

そして二〇〇二年、有希子の『リトル・ヴォイス』主演が決まった。当初は戸惑っていたが、歌うことが大好きな彼女は、あこがれの映画女優や大物歌手の歌を舞台で披露できることに喜びを見つけていったようだ。

『リトル・ヴォイス』(2002 年)

さて、プロデューサーのレイ役だが、私はいつもの直観で江守徹《えもりとおる》に白羽の矢を立てた。江守は演出もできる役者なので、それも合わせてお願いしようと思ったのだ。

最初の顔合わせは、三軒茶屋にある彼の行きつけの居酒屋だった。「文学座」の重鎮として発言力もある江守徹だけに、自分の意見もドンドン出してくれたので、熱く語りあうことができた。

ジム・カートライトの脚本を読んで何度か打ち合わせをするうちに、翻訳も江守が引き受けることになった。圧倒的な演技力やコメディセンスはもちろんのこと、さすが多才な人だ。

ＬＶを厄介者あつかいする母親のマリー役は、舞台『おはん』でも有名な大ベテラン山本陽子《やまもとようこ》に依頼した。

こうして舞台『リトル・ヴォイス』は、二〇〇二年七月に「Bunkamura シアターコクーン」で上演の運びとなった。

舞台美術家、堀尾幸男《ほりおゆきお》が作ったのは、ＬＶのひきこもる部屋が中央に配置されたセット。有希子はほとんどこの部屋で演じた。

プロデューサーのレイはＬＶを必死に説得し、どうにかステージに連れ出すことに成功する。けれど、長くひきこもっていたＬＶは人前で歌うことなど到底できない。レイは一計を案じ、やがてＬＶはゆっくりと歌い出す……。

父親の私が言うのもなんだが、有希子は完全になりきっていたと思う。ジュディに、マリリンに、シャーリーに、もちろんＬＶ自身に。その歌声から、亡き父を想う娘の心情がひしひしと伝わってきたのだ。

『リトル・ヴォイス』一七日間の公演は無事に終えることができた。ひと儲けを狙って成功した物語のレイとは違い、現実のプロデューサーである私の公演は赤字だった。もっと小劇場で上演すべき企画だったと思う。そうすれば何回も再演できただろう。

多忙な仕事を言い訳に、娘・有希子には幼いころからどれだけ父親らしいことをしてやれたかはわからない。演劇の道を勧めたこともなかった。けれど女優として成長する姿を見るうちに、彼女の歌と芝居には他の役者には真似できないものがあると感じるようになったのだ。

そんな父の思いを受け止め、演じきってくれた娘に今こそ礼を言いたい。照れくさいからリトル・ヴォイス(心の声)で。

有希子、ほんとうにありがとう!

アニメ作品にもチャレンジ

忍者の世界を描いた大ヒットアニメ『NARUTO――ナルト』を舞台化することになった。漫画の作者は岸本斉史《きしもとまさし》。企画はアニメ制作会社ぴえろで、NARUTOイリュージョン委員会からの依頼だった。

日本のアニメーションはすでに世界に注目されるカルチャーとなっていたが、漫画やアニメを原作とする舞台公演は初めての体験だった。私はコミックやDVDで作品の研究にとりかかった。

『NARUTO』(2006年)

主演のうずまきナルトにはジャニーズ事務所の屋良《やら》朝幸《ともゆき》がいいと思い、彼を中心とする四人グループ「MA（ミュージカル・アカデミー）」の出演交渉を粘った。屋良以外のメンバーも重要な役になることを伝え、四人全員のキャスティングが決定。MAの若々しいメンバーが、ナルトをはじめ、うちはサスケ、我愛羅《ガアラ》、コワネなどのメインキャラを演じ、ステージで大暴れする。

ストーリーは新しく舞台用につくることで作者の許可をもらった。綱手《つなで》が火影《ほかげ》と呼ばれる里長《さとおさ》の五代目になるというエピソードから発想し、新たな物語を考えた。原作の登場人物のキャラクター設定は生かすが、作家に納得してもらえるか不安もあった。

「普通のミュージカルの歌とは違うものにしたい」

私のアイデアが通り、忍者たちが歌の力を戦いの武器にすることにした。歌うと、それが衝撃波となったり、忍術となったりするのである。

キャスティングで新妻聖子《にいづませいこ》と岡幸二《おかこうじ》郎《ろう》を入れたのも、ミュージカル界で活躍する二人の歌の実力が『NARUTO――ナルト』の舞台に必要と思ったからだ。

忍者のイルージョンは絶対にプリンセス天功《てんこう》だと思い、これも決定。ショーアップに大きな期待を寄せた。

『NARUTO――ナルト』は二〇〇六年五月四日、「五反田ゆうぽうと簡易保険ホール」をMAのファンで満員にして幕をあけた。ストーリー、テンポ、アクション、忍者たちの衣装、そして歌の良さ。今までにはなかったようなアニメの舞台化作品に対し、作者の岸本が初日を観た感想を話してくれた。

「ひじょうに良かったですよ。私は舞台を一度も観たことがないので、忍術をどう表現するのか気になっていましたが、ほんとうに良かったです。やはり歌の力ってスゴイですね！」

東京のあとは大阪の「シアターBRAVA《ブラバ》！」で公演した。アニメという新たなジャンルに挑み、スタッフやキャスト全員と大阪まで舞台公演につきあって、私自身にとっても良い経験になった。

さらに言えば、「その時その場だけ」の舞台というのは、アニメや映画とは異なる魅力をもったエンタテインメントであることを改めて実感することもできた。

文学界へのアプローチ

「プロデュース公演」というスタイルが一般化していったのは、およそ昭和から平成に移り変わる一九八〇年代後半から九〇年代にかけてのことだろう。明治から戦後しばらくまでの演劇は、基本的に劇団を中心として発展してきた。俳優やスタッフの多くは、「文学座」「俳優座」「民藝」といった劇団に所属しながら公演活動をしていたのである。その形態は、「状況劇場」や「天井桟敷」「自由劇場」などのアングラ演劇や小劇場が相次ぎ生まれた一九六〇年代も同じだった。一九七〇年代から八〇年代にかけても、「つかこうへい事務所」や、野田秀樹《のだひでき》の「夢の遊眠社《ゆめのゆうみんしゃ》」など強い個性とリーダーシップに支えられる劇団が脚光を浴びた。

だが、劇団という制約にもとづく演劇活動の難しさも垣間見られるようになった。一方で、経済成長に後押しされ、企業がバックアップする形で国内外の演劇を披露する民間劇場が次々に誕生。そうした新しい器を土台に、所属団体や序列に左右されずに俳優たちを自由にコラボレーションできるプロデュース公演が大きな潮流となってきたのだ。

すでに一九七〇年代半ばから私は、劇団という枠にとらわれず『ショーガール』などをプロデュースし、「PARCO劇場」をはじめとする新しいフィールドを開拓してきた。それはまさに、プロデュース公演の先駆けだったのではないかと思うのである。

ところが、二〇〇〇年代に入ったころからプロデュース公演の乱立が目立ち、演劇界が飽和状態に陥ってきたと感じるようになった。

なんとかこの状況に、くさびを打ち込みたい。

そう考えていたころ、出版界では新しいムーブメントが起きていた。本屋大賞である。

出版不況といわれる時代にあって、この賞は「売り場からベストセラーをつくる!」というコンセプトのもと全国の書店員が現場から盛り上げていこうと、二〇〇四年から実施されている。直木賞や芥川賞のように出版社や作家が選考する従来の賞とは一線を画し、「この本を売りたい」と思う書店員の投票だけで選ばれる賞である。

読書も好きな私は、仕事のかたわら古今東西の小説などに幅広く目を通してきた。そして、本が売れないと言われていながらも、日本の文学界には若い作家たちが才能をきらめかせていることを感じ取っていたのだ。

私は演劇のスターたちと文芸のスターたちのコラボレーションを実現したいと思い、いくつかの小説を連続で舞台化する企画を立てた。その結果、選んだ作品がすべて二〇〇七年の本屋大賞受賞作品だったのである。ラインナップは次の三作(公演順)。

『風が強く吹いている』三浦《みうら》しをん(本屋大賞三位)
『夜は短し歩けよ乙女』森見登美彦《もりみとみひこ》(本屋大賞二位)
『鴨川ホルモー』万城目学《まきめまなぶ》(本屋大賞六位)

舞台の上のマラソン

企画の口火を切る『風が強く吹いている』は、正月恒例の箱根駅伝をテーマにした青春小説だ。高校時代にマラソン大会に出場した経験もある私は、この大学生たちの物語をぜひ舞台化したいと思った。

『風が強く吹いている』(2009 年)

まず、マラソンの白熱シーンをどう表現するか。文字だけの世界を視覚の世界にどう置き換えるかが今回の舞台化の大きなポイントだった。

ある日、スポーツジムの前を通りかかり、ピンと来た。

そうだ！　一人ずつウォーキングマシンに乗り、並んで走れば臨場感のある芝居になるにちがいない。

作者の三浦しをんは、二〇〇六年に『まほろ駅前多田《ただ》便利《べんり》軒《けん》』で直木賞を受賞。『風が強く吹いている』の舞台化に強い興味を示し、OKを出してくれた。お酒の好きな彼女とは何度か一緒に飲んで親交を深めることができた。

演出は鈴木裕美《ゆみ》に依頼した。彼女は一九八二年に劇団「自転車キンクリート」を結成以来、活躍を続けていた。強引ともいえるパワーで舞台を引っ張る姿勢が、男たちのマラソンストーリーに合っていると感じたのだ。

私は二〇〇八年正月の箱根駅伝を、スタート地点である東京・大手町の読売新聞社前で観戦した。ビルのまわりに各チームが陣取り、号砲を待つ。チームによって落ち着いていたりバタバタしていたりと、独特のムードに満ちていた。

これは大いに舞台の参考になるぞ。

そんな好奇心にまかせ、気づいたら選手たちの近くまで来てしまった。ほんとうは立ち入り禁止だったのかもしれないが、大会関係者だと思われたのか誰にも何も言われなかった。

舞台のキャスティングを聞いて最も喜んだ俳優は和田正人《わだまさと》だろう。なにしろ彼は実際に箱根駅伝に出場したことがあるのだ。その彼がカケルという名の天才ランナーを演じる。さぞかし血が騒いだにちがいない。

リハーサルに入ると、鈴木裕美がまさに「駆ける演出家」となって突っ走り、若い俳優陣がそれを追いかけるようにして演技を競った。

そして二〇〇九年一月八日、「ル・テアトル銀座」で本番が始まった。ストーリーはこうだ。

学生アパートの住人ハイジ(黄川田《きかわだ》将也《まさや》)は、かつて強豪校のランナーだった。ある日、万引きをして逃げていた少年カケルの鮮やかな走りに注目し、カケルをアパートに連れていく。ハイジはほかの住人八人にカケルを引き合わせ、突然「目指すは、箱根駅伝だ！」と宣言する。だが八人のほとんどはマラソンとは縁もゆかりもない学生ばかりだった……。駅伝出場に向けてハイジたちの奮闘が始まる。

ウォーキングマシンによる、見たこともないマラソンシーンも効果的で、箱根駅伝の熱気と興奮を余すところなく舞台に再現できたと感じた。

この『風が強く吹いている』の舞台作品については、ある演劇ファンの感想も紹介させていただく。ハウス食品の役員をされた方で、私のプロデュース公演には欠かさず足を運び、約五〇通の手紙をくださった鴻池良夫《こうのいけよしお》さんである。以下は手紙の一部。

「それぞれの登場人物の生い立ちや考え方が見え出し、荒唐無稽に聞こえていた箱根駅伝へのチャレンジがひょっとするとひょっとするのではないかと感じさせるようになった中盤から、ぐんぐんと劇中にひっぱり込まれてしまいました。見終わって家内ともども泣いていました。周りの若い方も涙していました。本当にすがすがしい感動を頂いたと思っています」

演劇人にとって、客席からのこうしたメッセージは何よりのご褒美である。

ファンタジックな京都

続く公演作品の原作者は森見登美彦。デビュー作『太陽の塔』や『四畳半神話大系』など独特な小説表現のファンになっていた私は、『夜は短し歩けよ乙女』を読んだ時、「これはまさに舞台だ」と直観した。

京都の街角に摩訶《まか》不思議な三階建ての電車が現われるなど、奇抜でファンタジックな内容は、あの唐十郎が率いた「状況劇場」のアングラ舞台を思わせた。

私はまず「劇団桟敷童子《さじきどうじ》」の代表、東憲司《ひがしけんじ》に会った。アングラの猥雑さとエネルギーを持ちつつ現代を描き出せる演出家。そう判断して脚本と演出を依頼したのだ。思わぬ話に本人は驚いていた。

東と連れ立って京都へ向かう。森見登美彦は東京住まいだが、小説の舞台である京都で会おうと提案してくれたのだ。料亭で会食した森見の印象は、気鋭の小説家というより図書館員がよく似合う素朴な好青年だった。実際に彼は国立国会図書館職員と小説家を兼業していた。

『夜は短し歩けよ乙女』(2009年)

「この話が舞台になるんですか」

驚きの声をあげながらも、企画意図を聞いた森見は快諾してくれた。こうやって私は、今までに何人の原作者や脚本家、役者たちを驚かせてきただろう。

東憲司には、とにかく三階建ての電車を登場させることと、彼のいつものような斬新な舞台を実現することを条件に脚本を書いてもらった。その脚本を読んだ森見は感想をこう述べた。

「我ながら無茶な話が演劇的に美しく処理されていてスゴイ……。本当に、これは観てみたい」

主演は、モデルやドラマなどで活躍している田中美保《たなかみほ》と、同じくモデル業を経て俳優に進んだ渡部豪太《わたべごうた》。『夜は短し歩けよ乙女』の公演は二〇〇九年四月、「東京グローブ座」でおこなわれた。

京都の先斗町《ぽんとちょう》。後輩の「黒髪の乙女」に片想いした「先輩」は、さまざまな手段で偶然の出会いを装うが、天真爛漫《てんしんらんまん》な後輩は先輩の意図に気づかず……といったキュートな恋模様が描かれる。二人がかかわる風変わりな老人「李白《りはく》さん」を乗せた三階建ての電車は、見たこともないファンタジックな京都を舞台に出現させた。

ともに初舞台のフレッシュな主役コンビは、私を魅了した森見登美彦の不思議ワールドを期待どおりに花開かせてくれた。この『夜は短し歩けよ乙女』の舞台については、再び鴻池さんのユニークな感想をお伝えしておきたい。

「赤塚不二夫の『天才バカボン』の、これでいいのだ！　的な思いっきりのいい荒唐無稽さと、つかこうへいの『蒲田行進曲』的な奇想天外な芝居の切れ味を彷彿させるものがありました（中略）本当に池田さんはピュアで精神的にも常に若々しく、創造性の豊かな方＝勇気ある挑戦者と思いました」

鬼が舞台に現われた！

連続公演のトリとなる三作目は、万城目学の『鴨川ホルモー』。二作目の『夜は短し歩けよ乙女』の翌月だったから大忙しだった。

万城目は二〇〇六年にこの小説でボイルドエッグズ新人賞を受賞し、作家デビューした。同作は舞台化と同じ二〇〇九年に松竹で映画化もされた。

この小説も場所は京都。怪しげなサークルに勧誘された京大生が、「ホルモー」なる謎の競技に巻き込まれる痛快な青春ファンタジーだ。物語には多数の鬼が現われる。

ボイルドエッグズは作家の著作権エージェントをおこなう会社で、その代表の村上《むらかみ》達朗《たつろう》と万城目に会った私は、企画をこう伝えた。

『鴨川ホルモー』(2009 年)

「映画では最新の映像技術で多数の鬼を出現させるでしょう。一方、舞台は制約された空間ですが、逆にとても自由な空間でもあります。たとえば二〇本のライトが一か所に当たって、鬼だ！と叫べば、その瞬間、観客のイメージの中でたくさんの鬼が動きだします。だから実際の鬼は出さなくても表現できるんです。それが逆にリアリティにもつながります」

万城目はこの話に感銘を受けたらしく「ぜひ、どこかで芝居を観る機会を作ってください」と言った。さっそく下北沢の小劇場「ザ・スズナリ」に案内し、劇団「少年王者舘《しょうねんおうじゃかん》」の芝居を二人で観劇した。舞台ならではの表現に最初は驚いていた万城目も、しだいに演劇が好きになっていったようだ。

演出はこの人しかいない。

そう信じて迎えたのは話題の劇作家、鄭義信《チョンウィシン》だった。一九八七年に劇団「新宿梁山泊《しんじゅくりょうざんぱく》」が旗揚げされて以来、座付き作家として数々の受賞を経て、二〇〇八年に日韓両国で公演された『焼肉ドラゴン』でも多数の賞を受けた。鄭は私の企画に大乗り気で快諾。二人で相談を重ねながら脚本とキャスティングを進め、オーディションもおこなった。

主役の石田《いしだ》卓也《たくや》と芦名《あしな》星《せい》は、若手俳優ながらテレビや映画で経験を積んでいた。しかしこの舞台作品では、顔合わせ・本読み段階から目の色が変わった。それほどに鄭の演出方法は細かく、まず言葉づかいから指導する。しかも役者のキャラクターを一発で見抜いてしまうのだ。

「そこ、福島弁でやってごらん。……よし、それでいこう！」

こうして芦名星は出身地の福島弁でしゃべる役になった。この演出は彼女にとっても驚きだったと思うが、地の自分を出せるので乗り気になって演じることができたようだ。

公演場所の「吉祥寺シアター」は、かなり自由に空間をアレンジすることができる劇場だ。『鴨川ホルモー』では舞台を中央に置き、まわりを座席が取り囲む形にした。公演開始は二〇〇九年五月。ちょうど同劇場の開館五周年記念というタイミングでもあった。

複数のスポットライトが舞台や壁面の一か所を集中して照らし出す。光が、生き物のようにうごめく。

鬼が現われた！　客席がざわめく。

私の提案を鄭が巧みに演出した成果も現われて、『鴨川ホルモー』は笑いをまじえた楽しさ満載の芝居となった。

才気あふれるユニークな青春小説を原作とした連続三公演は、いずれも満足のいく出来となった。だが収支は合わず、赤字公演となってしまった。支出オーバーは承知のうえだったが、反省点を言えば、この三作品を最初から「本屋大賞三部作」と明確に打ち出せばよかった。そのほうがプロモーションを広範囲にできただろう。出版社、書店、テレビ番組、CMなどに結び付ければスポンサーもつき、話題も広がってチケットの売り上げにつながる。プロモーションに問題があったことが、つくづく悔やまれる。

この三作が公演された前年の二〇〇八年秋、アメリカの大手証券会社・投資銀行リーマン・ブラザーズが倒産。リーマン・ショックとなって金融危機が世界中に波及し、日本でも株価の暴落や景気後退を招いた。その波は演劇界にも押しよせていたが、私は自らの仕事の結果を景気のせいにしようとは思わなかった。どんな時勢にあっても、とにかく良い作品を創り続けることがプロデューサーの使命である。創る者たちの一期一会を、最終的には作品と観客との一期一会につなげなくてはいけないのだ。

昔のアイドルは今もアイドル

「ねえねえ、みんな。そもそもアイドルって、いったい何かしら？」
「さあ、深く考えたことないわね」
「私たち、ずっとアイドルと呼ばれているのに？」
「わかんなーい。まだ一六だから」
「四六でしょ！」

彼女たちの間でそんな会話があったかどうかはわからないが、とにかく集まったのだ。約三〇年の時をワープして、永遠のアイドルが四人。

榊原郁恵《さかきばらいくえ》、早見《はやみ》優《ゆう》、松本《まつもと》伊代《いよ》、石野《いしの》真子《まこ》。

それぞれにソロ歌手としてデビューし、一九七〇年代後半から八〇年代にかけて活躍したトップアイドルたちだ。ありそうでなかったこの黄金のラインナップを私が提案した時、「I DO《イド》 BATTER《バタ》 PROJECT《プロジェクト》」(つまり井戸端会議という意味)の女性三人は驚きの声をあげた。

その三人とは、脚本家・作詞家の高橋知伽江《たかはしちかえ》、振付家・演出家の川崎悦子《かわさきえつこ》、作曲家・音楽監督の深沢桂子《ふかざわけいこ》。

ことの始まりは二〇〇九年だった。

「私たちの年代の女性が元気になるミュージカルを創りたい」

そんな彼女らの意気込みを受けて、私もワクワクしながらプロデュースを進めていった。こうした持ち込みの企画に全力を注ぐことも、まだ見ぬ新たな海へ乗り出すチャンスになる。

元アイドルたちは相変わらず多忙だった。時間はかかったが粘り強く交渉し、思い描いていたキャストを実現することができた。

いちばんお姉さんでムードメーカーの榊原郁恵。ひときわクールで知的な早見優。ちょいボケをかます天真爛漫な松本伊代。まったりペースで笑顔を絶やさない石野真子。根っからのキャラは、そのまま演じる役にも反映された。

『ヒロイン』(2011年)

モーニング娘。に続き、ＡＫＢ48が人気沸騰するなど、二一世紀を迎えてからはグループアイドルが花盛りとなった。キャンディーズやピンク・レディーを除けば、ソロ活動が主だった二〇世紀アイドルたちがグループを組んだらどうなるか？　そんな夢と期待感も私の中にあった。

実際、四人のアイドルは稽古が進むほどに息の合ったところを見せた。ほんとうに昔、グループを組んでいたような錯覚を起こさせるほど。やはり一流のアイドルというのは、そういう才能と魅力の持ち主なのだ。

公演タイトルはミュージカル『ヒロイン――女たちよ　タフであれ！』に決まった。二〇一一年二月三日から銀座の「博品館劇場」、その後は地方巡演となる。

物語は、一九八〇年代に圧倒的な人気を誇った女子四人のアイドルグループ「ミューズ」が、惜しまれながら解散してから二五年後に、一日だけの再結成を実現することになったという内容。実際にアイドルだった四人が架空の元アイドルを演じる、今までにない設定のオリジナルミュージカルだ。

子育て、介護、借金……。大人になってさまざまな悩みや問題を抱えながら生きるミューズの元メンバーを、本物の元アイドルたちが演じる。

♪きみはアイドルだから
ミニスカート似合えば
歌はヘタでもいいよ　だって
うますぎると　かわいくない
笑顔　ふりまいて
手を振っていれば　いいって　冗談じゃない！

歌が私の心の言葉
歌に想いを込めてつたえるの

（『歌は心の言葉』作詞／高橋知伽江、作曲／深沢桂子）

♪涙雨はやんだから
傷だらけの思い出は
今すぐに　破り捨て
夜明けに旅立つわ
どこへ行くかは　風まかせ

（『ヒロイン』作詞／高橋知伽江、作曲／深沢桂子）

愛に迷い、道に迷い、それでも前を向いていく勇気に満ちたステージに、フィナーレでは拍手の嵐が巻き起こった。この作品は、現実に生きている四人の元アイドルの等身大の物語でもあった。だからこそ、彼女たちと同じ時代を生きてきた多くの観客の共感と涙を誘ったのだろう。

〝イドバタ〟女性三人の企画はみごとに当たったのだ。

終演後、楽屋は主役四人の友人たちであふれた。

その中に、涙を浮かべながらじっと立っている男を見つけた。松本伊代の夫でタレントのヒロミである。

出演者の家族が楽屋に来ているのを、私は今まで見たことがなかった。彼は、家族であることもアイドルであることも引き受けて全力で生きるヒロインたちに、フィクションと現実の境界を越えて感動していたのだろうか。

アイドルたちよ、女性たちよ、ともに冒険を続けよう！　舞台という海原の、水平線のかなたまで。

はなやぐ楽屋の中で、そんなエールを声にして送りたくなった。

第8章

大震災に演劇界も揺れた

亡きhideに捧げるミュージカル

hideというロックアーティストがいた。この地上をステージとして歌い、ギターを鳴り響かせ、斬新な発想に満ちた音楽世界に人々を魅了したまま、一九九八年に三三歳でステージを天上へと移した。

「二〇一〇年が一三回忌になります。そのメモリアルイベントをやりたいんです」

音楽プロダクションを通じて、hideの弟・松本裕士《まつもとひろし》の意向が私のもとに届けられた。

私はhideがメンバーだったX JAPANのライブに行ったことはなかった。それでも彼の突然の訃報はよく覚えていた。ファンの間で後追い自殺まで出たという、衝撃的な事件だった。

hideの魂を、思いを、形にすることができる企画は何だろうか――。

私はhideについて一から調べ始めた。DVD、CD、写真集、本などに埋もれる日々が続く。その中から浮かんできたのが、曲の一つ『ピンク スパイダー』である。生前のインタビューには「虫の蜘蛛が飛んでいたら空の雲になっちゃう」などとあった。彼は「虫」偏に雲と書いて「⿰虫雲《ピンクスパイダー》」とした。

豊かなイマジネーションを紡ぎ出していたこのアーティストは「俺も作ろうかな、ロックオペラ」という言葉も残していた。

そうだ、ロックミュージカルだ！

ｈｉｄｅの楽曲だけで構成される舞台のプロジェクトが始動する。

主演のひとりである武田真治《たけだしんじ》には三回会って出演を了解してもらえた。納得いくまで考える役者なので役柄をていねいに説明したのだ。稽古に入ると彼は、ｈｉｄｅの魂を受け止めるように渾身の演技でロックミュージシャンになりきっていた。

ＲＯＣＫミュージカル『ピンクスパイダー』の公演は、「東京グローブ座」で二〇一一年三月八日からと決定。その後、地方巡演の予定となった。

ストーリーはｈｉｄｅのイマジネーションにもとづいたオリジナルだ。

とあるライブハウスに居合わせた男女。お互いのことを知らない二人がいつの間にか蜘蛛の巣状にちりばめられた「サイコミュニティ」(ｈｉｄｅによる造語。PSYCHO サイコ＋COMMUNITY コミュニティ)と呼ばれる架空の世界と現実の世界を行き来する……。

ちなみに主演は、武田真治と渡部豪太、南沢奈央《みなみさわなお》と高橋瞳《たかはしひとみ》のダブルキャストである。

桜の開花も待ち遠しい三月八日。一三回忌イベントという特異な舞台公演は幕をあけた。

それは突然、襲ってきた

キャストの熱演によって三日間が順調に過ぎ、四日目となる三月一一日を迎えた。今日も昨日

『ピンクスパイダー』(2011年)　チラシの表と裏

の続き……と思われたその日の午後二時四六分であった。

夜の本番に向けて稽古中だった舞台が、にわかに波打ち始めた。

「大きいぞ！」

「非常口へ！」

「火は大丈夫？」

口を動かすのも大変なほど。稽古を見守っていた私も、七〇年あまりの人生で経験したことがないような強い揺れだった。

二度目の揺れが来て、それも収まったころテレビやラジオは恐ろしい現実を伝え始めた。

震源は、ここ東京から何百キロも離れた宮城県三陸沖だという。岩手、宮城、福島の三県を中心に、津波が沿岸を襲っている。気象庁は日本列島全域に津波警報や注意報を出していた。続けて東京電力福島第一原子力発電所が全電源を失い、放射能汚染の危機に陥ったというニュースが入る。原発の「安全神話」が崩壊したのだ。

誰もが言葉を失った。今この国に何が起きているのか、正しく理解することは不可能だった。

巨大な〝波〟は、舞台をも呑みこんだ。ｈｉｄｅに捧げるＲＯＣＫミュージカル『ピンクスパイダー』の公演は、数日の休演を余儀なくされたのである。

多数の犠牲者を出した東日本大震災の直後、無力感が列島全体に漂った。それはエンタテインメントの世界においても同様だった。こんな時に音楽や映画や文学や演劇は何ができるのか？　そんなものに果たして意味があるのだろうか？　みんなが自問自答を繰り返していた。

震災前から私がプロデュースを進めていた舞台作品でも、一時は頭を抱えてしまい、筆の止まった脚本家がいた。

「何も書けない」

だが、私は違う考えを持っていた。

何を言っているんだ。嘆いている時間があるなら被災地に行ってできることを見つけたらどうなんだ。それができなければ、日々の自分がやるべきことをやるだけじゃないか。

私は六歳の夏の日を思い出していた。

無差別爆撃が、疎開した沼津の町にも襲いかかった。焼夷弾の雨の中を父や母たちと命からがら逃げた。家々は炎に包まれた。戦争は幼い子どもにとっても容赦ない現実だったのだ。

天災にしても人災にしても、現実とはしばしば不条理で過酷なものだ。だからこそ人々は営々と創造の世界を築き、そこに夢や願いを託してきたのではないだろうか。キャンバスに、五線譜に、原稿用紙に、そして舞台の上に。

創り続けるしかない。それが、失われたものへの鎮魂にもなるはずだ。

リーマン・ショック、そして大震災。相次ぐ大波に揺さぶられる演劇界にあって、私は舵を離すことなく、さらに多様なプロデュースに挑んでいった。

山崎育三郎と安倍なつみの『嵐が丘』

「こんなにも激しく誰かを愛したことがありますか？」

きわめてダイレクトで胸をゆさぶられるような問いかけ。それが、新たなミュージカル作品『嵐が丘』のキャッチコピーだった。震災から四か月しかたっていない二〇一一年七月一一日、舞台は幕をあけた。

「アトリエ・ダンカンと共同でミュージカルを制作したいのです」

そう申し入れてきたのは、「梅田コマ劇場」を前身とし、一九九二年に開場した大阪の「梅田芸術劇場」だった。

私はエミリー・ブロンテ原作の『嵐が丘』をやることにした。世界中の誰もが知っているような大作に初めて挑戦するのだ。イギリス・ヨークシャー地方の荒涼たる自然を背景にした壮大な愛と憎しみの物語は、各国で数多く映画や舞台にされてきた。

荒野にそびえ立つ「嵐が丘」と呼ばれる邸。そこの主人アーンショウに連れてこられた孤児のヒースクリフは、主人の娘キャサリンと愛し合うようになる。だがキャサリンは裕福な隣家の若者エドガーに求婚される。愛の誤解からヒースクリフは絶望し、姿を消してしまう。キャサリンはエドガーと結婚。やがて、外国で財産を築いたヒースクリフが、激しい復讐の念を抱いて嵐が丘に戻ってくる……。

『嵐が丘』(2011年)

配役は、ヒースクリフにバンドLUNA SEAのボーカルでデビューし、俳優としても活動する河村隆一《かわむらりゅういち》。オリジナルミュージカル初出演だ。キャサリンにはアニメ『涼宮《すずみや》ハルヒの憂鬱』などで七色の声を披露する声優の平野綾《ひらのあや》と、アイドルグループのモーニング娘。にいた時から可憐な歌声で魅了する安倍なつみのダブルキャスト。エドガーには、二〇一〇年度公演のミュージカル『モーツァルト!』の主演が評価された山崎育三郎《やまざきいくさぶろう》。彼は二〇〇七年からアトリエ・ダンカンに所属していた。

脚本は飯島《いいじま》早苗《さなえ》。鈴木裕美らと劇団「自

転車キンクリート」を旗揚げし、数々の作品で脚本を手がけてきた。

「自分では決して体験できない運命を生きているから、この『嵐が丘』の人々が舞台の上で生きているのを見てみたい」

この舞台に彼女はそのような思いを込めたそうだ。

演出は「文学座」を中心に活躍する西川信廣《にしかわのぶひろ》。だが、依頼を受けたときは『嵐が丘』という巨大な壁の前で立ち往生したという。そんな彼の迷いに対し、私はプロデューサーとしての構想をこう伝えた。

「愛憎のうち、愛に重点をおいてミュージカルにしたいんです」

重苦しいものより光の面をクローズアップしようと思っていたからである。歌で言えばラブソングだ。

そして西川は「未踏の山に挑戦する冒険家のような気持ちが沸き起こって、演出を引き受けたのです」と告白している。

かくもスケールの大きな世界的古典である。それを全曲書き下ろしのミュージカルとして成功させるには、やはり音楽が要となる。私は倉本裕基《くらもとゆうき》に声をかけた。叙情性あふれる作品に定評があり、韓流ドラマでも高い人気を得ている作曲家・ピアニストだ。

曲が仕上がるまでに何度も倉本の自宅に足を運んだ。歌詞の変更も伝えつつ、しつこく音を聴き直した。私以外とはあまり話をしないようなシャイな面もある音楽家だが、その才能は着々と名曲を生み出していった。

「仮に歌詞を外してインストゥルメンタルで聴いたメロディだけでも成立する曲を目指しました」

倉本はそう解説してくれた。サイモン&ガーファンクルの代表曲『スカボロー・フェア』のような音階や技法も取り入れたという狙いどおり、流麗で哀感をおびたメロディが満員の会場を包みこんだ。

公演は「赤坂ACTシアター」、続いて大阪の「梅田芸術劇場シアター・ドラマシティ」だった。役者たちも原作のスケール感を歌と演技で大いに体現してくれた。

愛に重点をおいた『嵐が丘』。それが実を結んだのかもしれない。この公演が縁で、キャサリン役の安倍なつみとエドガー役の山崎育三郎は舞台の上だけでなく、のちに実人生でもゴールインすることになったのである。

タレントが多すぎる？

自分の命があとわずかと知ってしまったオスカー。まだ一〇歳なのに。そんな少年に対し、病院ボランティアをしている女性ローズはこう提案した。

「一日を一〇年と考えて生きるのよ。そして、神さまに一日一通の手紙を書きなさい」

そこからオスカーの「新しい人生」が始まるのである。

フランスの作家エリック＝エマニュエル・シュミットが、一人芝居用に書いた『一〇〇歳の少年と一二通の手紙』。その内容に私は涙が出るほどの感銘を受けた。

二〇〇二年にフランスで刊行されたこの作品は、小児緩和ケアを学べる良書として口コミで広がり、ベストセラーに。翌年に舞台化され、『輪舞《りんぶ》』『赤と黒』『チャタレイ夫人の恋人』などで知られる銀幕の大スター、ダニエル・ダリューが、フランス演劇界の最高峰とされるモリエール賞の最優秀女優賞を受賞した。そのニュースをテレビで知り、作品に強くひかれたのだ。

これほど切実に死と向き合う物語、しかも一人芝居の舞台は今までプロデュースをしたことがなかった。こういうお子さんのいる家族に向けた作品をぜひ舞台化してみたいと思った。

フランス著作権事務所を通し、舞台の上演に関してはOKをもらうことができた。私は時間をかけて、この特異な作品の表現方法を練り上げていった。

オスカー少年のひとり語りでなく、病院ボランティアとの二人芝居にしよう。舞台装置は少年のベッドだけだが、ダンサーに踊らせ、ベッドやセットを移動させる役もやってもらおう。そして音楽にはピアノとコーラスを入れる。

新しいスタイルの朗読劇を目指し、全身からアイデアがあふれてくる。

演出は、一九八七年に「ザズゥ・シアター」を旗揚げし、その後は個人で活動していた鈴木勝《かつ》秀《ひで》に依頼した。

「リーディング（朗読）は音楽により近いジャンル」と考えている彼は企画に強く賛同してくれ

『100歳の少年と12通の手紙』(2012年)

た。

私はキャスティングについても新たな手法を考えついた。

オスカー役とローズ役の俳優二人を日替わりにしよう。一二組の男女にするといい。つまり一二日間の公演中、朗読する役者を毎日替えるのだ。

少年オスカー役には男性アイドルや中堅俳優だけでなく、無垢な感じを出すために女優の成海《なるみ》璃子《りこ》や安倍なつみも配し、変化をつける。人数が多いだけに出演交渉にも時間をかけ、大胆なキャスティングが出来上がった(別表1)。

〈音楽×ダンス×朗読　観る朗読劇〉と銘打った『100歳の少年と12通の手紙』の公演は、二〇一二年九月に「東京グローブ座」でおこなわれた。

別表1★『100歳の少年と12通の手紙』12組の朗読者
（各組ともオスカー役，ローズ役の順）

多田直人＆柴田理恵	小西遼生＆杏子	古川雄大＆萩野志保子
成海璃子＆江波杏子	新納慎也＆彩吹真央	宮野真守＆萬田久子
竹財輝之助＆秋野暢子	山崎育三郎＆涼風真世	川平慈英＆香寿たつき
松岡充＆木の実ナナ	安倍なつみ＆木村多江	池松壮亮＆南果歩

シナリオはオスカーの手紙部分と、ローズとの会話部分で構成されている。オスカーは毎日「神さまへの手紙」をしたためる。

「やった、結婚した！　きょうは一二月二一日。ぼくは三〇代に向かっています」

「一二月二六日。きょうは七〇歳から八〇歳までを過ごし、いろいろなことを考えました」

「一二月二九日。きょう一〇〇歳になりました。ローズさんといい勝負です。眠ってばかりいますが、気分はいいです」

「一二月三〇日。一一〇歳。すごい年です。そろそろ死ぬんだと思います」

毎日〝年齢〟を重ねていくオスカーに、ローズはさまざまな話をする。

「わたしは女子プロレスラーだったのよ」

オスカーにとってローズは、両親にも話さないことを何でも話せる相手だった。

厳粛な死をテーマにしつつも、せつなくて愛おしい物語。「小児緩和ケアとは何か」という重いテーマにひかれた私は、演じる役者が替わっても、日を追うごとに感動が胸に迫ってきた。万人共通のメッセージを持った演劇作品として、長い舞台プロデューサー生活のなかでも忘れられない一作となった。

その年の一二月には、三日間のアンコール公演もおこなわれた。

だが、公演全体は赤字に終わった。コストがかかりすぎたのだ。たとえば『ショーガール』なら同じ二人の役者でまわすことができたが、今回は二人×一二日＝二四人の主役を必要としたからだ。発想には自信があったが、興行的にはやはりタレントが多すぎたのである。

木の実ナナとの半世紀

五〇年。つまり半世紀。「人間五十年」というが、はるか先のことだと思っていた日が、これほど早くやってくるとは――。

驚いていたのはプロデューサーの私だけではない。ほかでもない木の実ナナ本人がいっそう強く感じていただろう。

『木の実ナナ50周年記念コンサート　SHOW　GIRLの時間旅行』は二〇一二年五月から六月にかけて、「ル・テアトル銀座」と大阪「森ノ宮ピロティホール」でおこなわれた。

内容本位で舞台を創ってきた私は、それまで周年行事のたぐいには実施する意味を見出せず、一切やってこなかった。だが、木の実ナナはかけがえのない存在だった。エンタテインメント一筋に邁進してきたナナに、敬意と感謝の気持ちを込めて五〇周年を祝うことにしたのだ。

新宿ACBで私の目にとまった少女は、一九六二年七月にオーディション番組の元祖『ホイホ

右：『木の実ナナ 50 周年記念コンサート SHOW GIRL の時間旅行』(2012 年)
左：同公演パンフレットより（左が筆者）

別表 2★『木の実ナナ 50 周年記念コンサート SHOW GIRL の時間旅行』

構成：鈴木聡，演出：菅野こうめい，音楽監督：長谷川雅大，振付：大澄賢也，歌・演奏：上々颱風 ほか

スペシャルゲスト

平尾昌晃，江本孟紀，仲川遥香(AKB48)，浦野一美，近藤正臣，古谷一行，ROLLY，曾我泰久，国本武春，陰山泰，彩輝なお，浅丘ルリ子，尾藤イサオ，新納慎也，ピーター，杏子，深沢敦，小堺一機，梅沢富美男，山崎育三郎，あき竹城，石井一孝，coba，山本陽子(以上，東京公演)

西田敏行，西田ひかる，浦井健治(以上，大阪公演)

イミュージックスクール』(日本テレビ)の司会でデビュー。「木の実ナナ」という漢字・ひらがな・カタカナのまじった芸名は、歌・踊り・芝居で活躍するという願いをこめてつけられた。以来、その名に託されたとおり、歌と踊りと芝居でショービジネス界をにぎわせてきた〝お祭り娘〟。その集大成が幕をあけた。おもなスタッフと各夜のスペシャルゲストは別表2のとおり。ナナにとっても私にとってもベストのラインナップといえるだろう。

ヒットミュージカルナンバー、オリジナルヒットソング、ゲストとのトーク&デュエットなどをちりばめた、半世紀分の時間旅行であった。

この公演は、まさに東京スカイツリーが開業した時だった。思い起こせば自分が新宿ACBでアルバイトを始め、渡辺プロダクションに誘われたのは、ちょうど東京タワーが開業したころ。時の流れをしみじみと実感する。東京の新たなランドマークとして、下町のど真ん中に建てられた六三四メートルのスカイツリーは、木の実ナナ、池田道彦という二人の下町育ちの半世紀をたたえてくれるかのように光を放っていた。

五〇周年コンサートの色紙にはこう書かれていた。

「いつもいつもありがとう♡　これからも笑顔と元気をおとどけします。ナナ」

五木寛之と歌謡曲

とくに意識していなくても、いつの間にか心の中にたくさんの引き出しができている。ふとした機会に引き出しの一つがパッとあけられ、メロディが頭に浮かんできたり、ほぼ正確に歌詞を口ずさんだりしている。日本人にとって、それが「歌謡曲」ではないだろうか。

私は今まで、さまざまな音楽をベースに舞台をプロデュースしてきたが、それらの多くは外来の音楽だった。ジャズ、ロックンロール、ポップス、フラメンコ、シャンソンなど。渡辺プロ時代には自分自身が歌謡曲の送り手側であったが、その後の舞台作品で歌謡曲を使うことはまれだった。

だが平成という時代も二〇年を超え、「昭和は遠くなりにけり」の感が増していくと、来し方をふりかえる機会も多くなった。

自分自身を含めた日本人の心の引き出しをそっとあけ、そこにしまわれている昭和歌謡にスポットを当てた舞台を創りたい。

そう願うようになった私は、作家、五木寛之のエッセイ『わが人生の歌がたり』を模範資料とすることからスタートした。

「つらい時、悲しい時に、私は歌をうたって生きてきました。その流れゆく歌のかけらを一つずつ拾い集めているうちに、自分の生涯が影絵のように浮かびあがってきたのです」

そう自ら紹介している五木のエッセイには、幼少時から敗戦を経て戦後の苦難の日々までが、懐かしい昭和歌謡とともに綴られている。

しかし私は、これをそのまま舞台化するのではなく、原作から得た感動と知識をもとに昭和歌謡を軸にした新しい舞台を創りたいと思った。だから七歳上の大作家である五木に会った時も率直にその主旨を伝えた。

「五木さんを主人公にしたものではありません。オリジナルでやりたいのです」

何度か会って舞台化を理解してもらうことができた。そればかりか歌謡曲について話すうち、二人で大いに盛り上がっていった。

そして、『100歳の少年と12通の手紙』で演出をした鈴木勝秀に構成と演出を依頼。五木、鈴木、池田の三人で打ち合わせを重ねる。音楽はステージ上にピアノを一台置き、シンガーソングライターの中村中《なかむらあたる》に歌と演奏を頼むことに決まった。さらに、「時代は歌にのって」というテーマで五木が公演期間中にトークを一回おこない、劇全体の主題歌の詞も書くことになった。

物語には、一九六〇年代の高度経済成長を背景に、流行歌を愛したことだけが世間との唯一の接点という免疫学教授が登場する。腹の中に長い寄生虫を飼っているという風変わりな教授は、「生きるということは、ゆっくりと死ぬことだ」などと語る。

教授を演じるのは、鈴木勝秀と多くの舞台でタッグを組んできた椎名桔平《しいなきっぺい》。教授にひかれ、助手として尽くす女性役に田中麗奈《たなかれな》、彼女に恋心をいだく役に高橋一生《たかはしいっせい》をあてた。

作家や演者の名前だけでは売れない

公演タイトルは『教授』と決まり、二〇一三年二月に「Bunkamura シアターコクーン」で上演された。芝居はリアルな内容だが、毎回のアンコールに、中村中の伴奏でゲストシンガーが昭和歌謡を歌うというサービスも加え、聴いて楽しめる舞台にした。日替わりとなる一七人のゲストシンガーへの出演交渉は大変だったが、本人および事務所のマネージャーに会い、粘って実現させた。ラインナップは別表3のとおり。

　選曲は、『悲しくてやりきれない』『上を向いて歩こう』『夜明けのスキャット』『みだれ髪』『神田川』『シクラメンのかほり』『ダイナ』『時代』など。

　二月一八日のスペシャルアフタートークは、もちろん五木寛之による語りだった。

鎌倉時代の僧・親鸞は、子どもから年寄りまで庶民が楽しく歌いながら仏教の教えを理解でき

『教授』(2013年)

別表3★『教授』出演のゲストシンガー

中尾ミエ，山崎育三郎，鈴木雅之，山崎ハコ，元ちとせ，園まり，坂井邦先，由紀さおり，松原健之，クミコ，加藤登紀子，冴木彩乃，石井一孝，木の実ナナ，一青窈，ジェロ，尾藤イサオ

るような七五調の流行歌「和讃《わさん》」を数多くつくったという。それは、親鸞の少年時代に大流行していた「今様《いまよう》」の影響ではないかと五木は述べる。今様は日本の歌の母であり、まさに歌謡曲のルーツとも言えそうだ。

公演中は演劇界をはじめ各界の人たちが劇場を訪れてくれた。それぞれが心の引き出しを次々にあけて大いに楽しんでくれたようだ。

戦災から立ち直っていく日本人を癒してきた歌の数々は、東日本大震災の衝撃も残るなか、みんなの胸に響いたのではないだろうか。プロデュースした私も、あらためて昭和歌謡の魅力と底力を再発見することができた。

とはいえ満席にはならなかった。コストもかかったが、作家や演者の名前だけで客を呼べるほど甘くはないのが演劇の世界だ。せめてタイトルを『教授』ではなく『今様』にすればよかったと思う。同時に、若い層へのアピールも考えなければいけないと痛感した。

超特急で創ったミュージカル

「ミュージカルはどうも苦手で、あまり観ないんです」という人もいる。ドラマやストレートプレイを見慣れている目には、普通に語ったり歩いたりしていた人物が突然歌い、踊りだすギャップに違和感を覚えるようだ。

だが私はギャップをためらわない。ギャップにこそ本質があると思っているからだ。観る者が日常性とのギャップを味わってこそミュージカルは精彩を放ち、舞台という魔法は完成するのだ。
次はどんなギャップにしようか。

そう思案していた私に、テレビから刺激的なニュースが飛び込んできた。

東京駅のホームの真下に、新幹線が停まっているわずか七分の間に車内を清掃する会社があるというのだ。それを題材にした遠藤功《えんどういさお》のドキュメンタリー本『新幹線お掃除の天使たち――「世界一の現場力」はどう生まれたか？』を、すぐに買って読んだ。

ＴＥＳＳＥＩ《テッセイ》というその清掃会社は、ホームの下にあるだけに天井は低くて狭いが、多くの部屋にわかれ、清掃道具はピシッと揃っている。しかも、そこで働く人たちの仕事は素早く、美しく、おもてなしの心にあふれているのだ。

私は、このすばらしさを多くの人に伝えるにはミュージカルがふさわしいと直観した。清掃業とミュージカル。そのギャップが化学反応を起こせば、きっと極上の〝おそうじエンタテインメント〟が実現するだろうと思った。

私はＪＲのＴＥＳＳＥＩの現場へ向かった。

東京駅のホーム地下にある事務所を訪れ、そこから見上げると新幹線の大きな車輪がむき出しで見えた。

これはまさに舞台のセットだ！

この題材を舞台化したいという直観は間違っていないと確信した。もてなしの細やかさも現場で体験することができた。

ただ、ニュース性のある題材なので一刻も早く舞台化したかった。多忙なスケジュールの合間にわずかに空いている期間があったので、そこをあてた。プロデューサーは行動力が第一。私はニュースを見て反射的に動きだしたのである。

こうしてミュージカル『新幹線おそうじの天使たち』は、超特急で進められた。公演は二〇一三年三月。場所は渋谷の「AiiA Theater Tokyo《アイアシアタートーキョー》」。

まさに新幹線のごとき猛スピードの舞台制作。脚本は、まきりか。きわめてタイトな時間のなか、まきに熱い励ましを与えたのは、上演台本・演出・作詞の吉川徹《よしかわとおる》だ。

上：『新幹線おそうじの天使たち』(2013 年)
下：公演前に東京駅に“潜入”して新幹線のおそうじを体験する主演の 3 人(同公演パンフレットより)

「おれが絶対どうにかするから書きたいように書いて！」

そして音楽監督・作曲・歌唱指導の福井小百合《ふくいさゆり》は、「おもちゃ箱のようにたくさんのメロディを詰め込みました」と力を注いだ。

キャストは、元宝塚歌劇団雪組トップスターでアトリエ・ダンカン所属の杜《もり》けあき、バラドルとしても人気のある松本明子《まつもとあきこ》、宝塚の男役スターだった樹里咲穂《じゅりさきほ》の三人が中心となる。

専業主婦だった多恵子(杜)が始めた新幹線清掃のパートは、仕事もきつく殺伐とした職場だった。そこへ新役員が赴任してくる。彼が打ち出す新たな方針に戸惑いながらも多恵子たちは仕事にやりがいを見つけ、輝き始める。

清掃会社ＴＥＳＳＥＩで実際にあった七年間の成長ドキュメントをもとに、日本人ならではの思いやりとおもてなしを表現したミュージカル。地味な印象の職業と華やかなミュージカルというギャップを結晶させたこの〝新幹線劇場〟に、プロデュースした私自身も、ほっこりと心を温めることができた。

第 *9* 章

座礁を乗り越えて

クラシックという船に乗れ！

東日本大震災から二年を経た二〇一三年、『教授』やミュージカル『新幹線おそうじの天使たち』をふくめて、私は計一一本の作品をプロデュースした。七〇歳をいくつか超えても、今まで以上にスケールの大きな舞台に挑戦し、多忙な日々を送っていたのだ。

同年の最後をしめくくった大型企画が、一二月に渋谷ヒカリエの「東急シアターオーブ」で公演された、山崎育三郎主演の『交響劇 船に乗れ！』である。

その四年前、藤谷治《ふじたにおさむ》の小説『船に乗れ！』を読んだ私は、大きな感動に包まれた。高校時代、合唱団でベートーヴェンの『第九』の合唱を歌った経験もある私は、ポピュラーソングと同じくらいクラシック音楽も好きだった。

また、この青春小説が「哲学」をテーマのひとつにしていることも魅力だった。音楽高校に通う主人公サトルは哲学書を愛読し、倫理社会の教師に「どうして人を殺してはいけないんですか」などと吹っかける。ちなみに作品タイトルの『船に乗れ！』も、哲学者ニーチェの言葉の引用である。

青春とクラシックと哲学。それらが織りなす長編『船に乗れ！』を読み終わると、私は文中に登場するクラシック曲をすべてリストアップし、CDを買ったり借りたりして聞き込んだ。とりわけ強い感銘を受けたのは、二〇世紀を代表するチェロ奏者パブロ・カザルスが一九六一年、ホワイトハウスでJ・F・ケネディ大統領らを前に演奏した『鳥の歌』だ。スペイン人のカザルスは、フランコ独裁政権などのファシズムに対し、抵抗の意思を示し続けた。『鳥の歌』の静かな調べには、平和への切なる願いが刻まれているといわれる。

私は著者に会いに行った。通称シモキタ。都内・世田谷区の下北沢は、多くの小劇場が集まる演劇の街として知られる。けれど私が足を向けた先は、どこの劇場でもなく商店街の路地を入ったビルの二階にある書店だった。店主は小説家、藤谷治。『船に乗れ！』の原作者その人である。

「この小説を、ぜひ舞台化したいんです」

アポなしで訪れた私の申し出に、藤谷は太い眉を曲げ、「信じられない」という顔をした。

「小説だからこそ表現できたと思うこの作品を、どう舞台化するんですか？」

しかし、そんな懸念も一瞬のことで、熱く語りかける私とシモキタの書店主はたちまち意気投合した。

彼はその場で自慢のチェロも弾いてくれた。美しい音色が、クラシックをミュージカルの舞台にのせるという新たな航海の始まりを告げていた。

「交響劇」へのチャレンジ

渋谷は、『ショーガール』によって私のプロデュース人生が幕をあけた街。その渋谷駅に直結する渋谷ヒカリエ一一階の「東急シアターオーブ」は、震災の翌年にオープンしたミュージカル専用劇場だ。新しい酒は新しい革袋に。新しい時代のミュージカルには新しい劇場がふさわしい。『交響劇 船に乗れ！』の舞台では、学生服を着た一〇人あまりの男女が、チェロ、ビオラ、バイオリン、フルートなど、それぞれの楽器を手に音楽高校の生徒を演じる。美しいクラシック曲の数々が場内を満たす。

だが役者たちの〝演奏〟は、ふつうの音楽会の演奏とは違った。たとえば、よく知られたチャイコフスキーのバレエ組曲『白鳥の湖』のメロディに乗せて、役者たちが日本語の歌詞を高らかに歌うのだ。その歌詞というのが、いたってユニーク。


「ハープのアルペジオ　チェロはそのあと〜　ピチカート〜」

「遅れた〜！」

「クラリネットは　ずっとお休み〜」

「ああ！　緊張する〜」

「アクセント弱いわ〜」

「今どこ弾いてる〜？」
「となりの音が聞こえな〜い！」

そして全員で「これが合奏か〜、これが合奏か〜」。楽器を抱えたまま、めいめいに踊り出す役者たち。音楽という船に乗りこんだ若者たちの、ときめき、とまどい、いらだちを全身で表現しているのだ。

舞台中央でチェロを奏でるのは、主人公・津島サトル役の山崎育三郎。このとき二七歳。ミュージカルスターとして日の出の勢いだった。クリッと大きく、しかも憂いをたたえたような瞳は、そこに立っているだけでも強い存在感を周囲に与えた。

『交響劇 船に乗れ！』(2013 年)

物語には山崎演じる高校生のサトルとともに、四五歳のサトル役として福井晶一《ふくいしょういち》（アトリエ・ダンカン所属）が出演する。現在のサトルが過去のサトルをふりかえるという設定なのだ。

演出・作詞は、私と長いつきあいのある菅野こうめい。菅野はクラシックの名曲に日本語の歌詞を乗せるという妙技をやってのけた。青春の不安や戸惑いを、ユーモアをからめながら表現する歌詞だ。

歌い、踊る役者たちを、華麗な演奏が支えていた。それが、舞台のすぐ下のオケピ（オーケストラピット）である。総勢四一人。音楽監督・作曲は、多くのミュージカルを手がけてきた宮川《みやがわ》彬《あき》良《ら》。かつて『ショーガール』などで音楽面を支えてくれた作曲家、宮川泰の長男である。

ミュージカルの演奏にこれだけの大人数を起用した例を私は聞いたことがなかった。そもそも「交響劇」というステージ自体が稀有な試みではないだろうか。

クラシック音楽と青春と哲学が融合した新スタイルのミュージカルは、大きな喝采を集めて二〇一三年一二月、九日間の公演を終えた。四年がかりの企画は作品的には大成功だったが、興行的にはきびしい結果だった。公演中、私はいつものように客席の一角に座り、山崎育三郎ら若手の演技に目を光らせたり細めたりしていた。

その山崎は本作の公演プログラムで、サトル役について自ら分析している。

「思春期は人間として未熟で、無知なのに、自分はチェロが上手いんだ、哲学も読んでいるんだと、すごく過信するがゆえにサトルは傷つく。彼がなりたかったのは何もないところから自分にしかできない表現を生み出す芸術家。けれど演奏してお金をもらう音楽家にしかなれない、自分は虚勢を張っていて本当は薄っぺらな存在でしかなかったと気付いたときに喪失感を覚え、心が崩れてしまう。でもそういうことが急にやって来るのが高校時代。サトルの心の変化を丁寧に表現して（中略）彼なりに一生懸命、必死で生きている様子を表現できたらいいなと思います」

また、原作者・藤谷らとの対談では次のように語る。

「僕自身も音大の付属高校に通っていましたから、小説も、自分の青春時代に重なることが多くて感情移入して読み切ったんです。（中略）僕は日本のオリジナルミュージカルに興味があって。もちろん、ブロードウェイやヨーロッパのミュージカルも大好き。けれど日本人だからこそわかる、日本人にしかできない表現もあると思うんですよ」

山崎の言葉は、日本のミュージカルの未来を照らすようで、頼もしく感じた。

だが、まさか私の原点である渋谷でおこなわれたこの公演が最後の大航海、つまり最後の大型プロデュース作品になろうとは、まだ夢にも思っていなかった。

『交響劇　船に乗れ！』に続き、私はＲＯＣＫミュージカル『ピンクスパイダー２０１４』の公演を間近に控えていた。東日本大震災によって数日間、公演を休まざるを得なかった因縁の作品。その再演に挑んだのであった。

主演は、アトリエ・ダンカン所属で三八歳の新納《にいろ》慎也《しんや》。二〇一〇年には私がプロデュースしたオフ・ブロードウェイ・ミュージカル『リトルショップ・オブ・ホラーズ』でサディストの歯科医を好演した。亡きロックスターｈｉｄｅを演じる本作でも、新納は意欲満々で稽古にのぞんでいた。

ところが、新たな航海へ帆を上げたとたん、アトリエ・ダンカン号は座礁してしまったのだ。

突然の座礁

二〇一四年一月中旬、私はROCKミュージカル『ピンクスパイダー2014』の公演中止を発表した。

アトリエ・ダンカンは舞台プロデュースを事業とする会社だ。そのスタンスは、専属の役者やスタッフを中心に定期公演をおこなう劇団とは大きく異なり、あくまで企画優先、実現したい作品本位でゼロから一作、一公演を創り上げる。収益の予想もゼロから始めるだけに、公演作品が増えれば赤字のリスクも高まるのは宿命といえた。大公演が続いたこともリスクに拍車をかけた。

それらの赤字が積みあがった結果、ついに経営的なリミットを迎えてしまったのだ。舞台プロデュースという海原を走り続けたアトリエ・ダンカン号は、「支払い期限」という巨大な岩に乗り上げ、立ち往生した。

いっぽうで、私が構想中の企画はまだ複数あった。すでにキャスティングまで決めていた作品もあったのだ。

だが、ひとたび座礁した船の舵を取り続けることは不可能だった。

やむを得ない——。

断腸の思いだった。

アトリエ・ダンカンは債務不履行に陥り、倒産した。

アトリエ・ダンカンの倒産でご迷惑をかけたスタッフ、キャスト、演奏者、各事務所、劇場、放送局、PR会社、後援・協賛会社、チケット運営会社、出資会社などすべての方々に、この場を借りて心よりお詫びを申し上げます。

いつもは「過去を振り返りたくない。終わった作品に未練もない」などと言うのが私の口癖だった。つねに新しいことにチャレンジしていく好奇心が私の作品創りの原動力であったから。しかし、過去の作品の資料は会社がなくなった今もなお、貴重な記録としてすべて持っている。それは私にとっての歴史であると同時に、昭和から平成にかけての時代と共に歩んできた演劇界の記録でもあるからだ。

アトリエ・ダンカンのプロデュース作品や制作秘話などを通して、演劇ファンはもちろん、今の若い人たちがかつての時代に想像をめぐらせ、その空気を感じてもらえれば、とてもうれしく思う。

演劇バカ一代

倒産の直後、私の心情を代弁するかのような長文のメッセージをブログで発信してくれたのが、娘の池田有希子であった。以下はその概要。

この度、私の所属事務所であるアトリエ・ダンカンの倒産につきまして、多くの方にご心配をお掛けし、誠に申し訳ございません。大阪で舞台公演中に倒産の事実を知ったため、大千秋楽の余韻に浸ることもなく、いまだもってバタバタとしておりますが、そんな中、本当に多くの方から励ましのメッセージを頂き、どれほど元気を頂戴したかわかりません。心から、ありがとうございます。皆様のお言葉を絶対に、生涯、忘れません。

アトリエ・ダンカンの倒産においては、私は当事者でもあります。それは私が一人の役者であると同時に、ダンカン社長の娘でもあるからです。

ダンカンは私が九歳の時に始まりました。それより少し前、私は渋谷ＰＡＲＣＯに連れていかれ、『ショーガール』を観る機会がありました。まだ幼く、引っ込み思案でもあった私は、舞台が暗転する一瞬の暗さをとても怖く感じたものです。でも、舞台でキラキラと活躍するナナちゃんにひかれ、その後は根津甚八さんにもあこがれるようになりました。父の仕事鞄から彼らの主演作品の台本を抜き取っては押し入れで読みあさり、いつしか私も演技の道を志すようになっていました。

ダンカンが舞台制作に本腰を入れるようになってからは、我が家の食卓で交わされる話題は常に演劇についてでした。演劇を志さなかった弟には辛い環境だったのでは、と申し訳なくなるほどです。我が家は演劇の熱気に満たされていました。そして私は独立し実家を出るまでその環境を当たり前のことだと信じて疑いませんでした。

プロの役者として独り立ち出来るようになってからも、劇団のような母体を持たない私にとって、ダンカン制作作品に出るたびにホームゲームで戦っているような勇気や温かみを感じたものでした。

　数年前から不安の予兆はありました。リーマン・ショック以降、業界全体からスポンサーが消えてゆき、さらに震災が追い打ちをかけた……よく言われる企業倒産のシナリオそのままの展開です。これに加えて、父の「演劇少年」そのままのまっすぐな性格が災いしました。父と二人で会社経営について語り合ったことも一度や二度ではありません。しかし「常にアクセルを踏み続ける」という選択をしてしまった父の考えを、私が変えることは出来ませんでした。

　ダンカンを通じて知り合った方々は、私にとって社会そのものであり、今までもそしてこれからもずっと尊敬し敬愛する仲間です。その仲間の中に今回の件で債権者となられた方々がいるという事実の重さに、心が咎めて光が暗闇に吸い込まれていくような気持ちです。実は私自身も債権者の末席におります。

　もっと早く手を打てなかったのか？　もっと出来ることがあったのではないか？　こんな景気低迷の時代に見合った魅力的なビジネスのあり方を、第三の道を模索できなかったのか？　悔いても悔いても悔やみ切れません。

　今となっては、演劇という名のギャンブルにフルスイングで身を投じ続けた父は「演劇バカ一代」としか呼べません。そんな我が父の生き方を今は「アッパレ」と思うほかはなく、その一方で「やっと暴走列車が止まってくれた」という安堵感も禁じ得ない。これこそが正直な気持ちです。その代償はあまりにも大きいのですが。

でも、私はこうも思いました。ダンカンが倒産したその日でさえも、ちゃんと日本中、いや世界中の劇場の扉は開いていて、お客様を迎え、演劇が行われている。そのことに気づいた時、本当に嬉しかった。演劇がまだ生きているということに救われた気がしました。そうだ、演劇はどんな時代も生き残ってきたんだ。不景気ごときで演劇は消えないんだった……悲しいけど、でも、ああ良かった！

父も暫くは不安定な状態でいると思いますが、元気です。私も元気です。

励まし、見守ってくれる皆様には感謝の気持ちで一杯です。他の所属役者達とも連絡をとり、励まし合って乗り切ろうと声を掛け合っています。

もう少ししたら私も一役者として、今後の身の振り方などを考えられるようになると思います。その時は、また皆様にお世話になることと思います。役者をやめることはありません。

私はこれからも精一杯がんばります！　どうぞどうぞ、引き続き、宜しくお願い申し上げます。


二月初旬、倒産のニュースは新聞各紙で一斉に取り上げられた。『週刊新潮』（二〇一四年二月一三日号）の記事にもなり、芸能評論家のコメントが載った。

「特に芝居など舞台の場合、制作費自体がかかる一方で、近年の不況でお客さんが激減しており、スポンサーもつきにくく、儲からないんです。池田さんは真面目に演劇のプロデュースをする人ですから、かえって赤字を大きくしてしまったのでしょうね」

水底を蹴る

アトリエ・ダンカンの破産手続きは裁判所の管財人に一任された。

倒産という社会的ダメージに続いて、私の身体をさまざまなトラブルが襲ってきた。事業を手離した二〇一四年の夏、ストレスによる帯状疱疹《たいじょうほうしん》で、顔の右半分が異常な水ぶくれとなり、失明のおそれもあったので入院することになった。

症状が落ち着き、退院から二週間ほどたつと、こんどは鼻に皮膚がんが発見された。幸い基底《きてい》細胞がんの初期だったので手術で治すことができた。

翌一五年の春には耳が聞こえなくなった。近所の総合病院で突発性難聴と言われた。三日間、処方された薬を飲んだが治らず、次の三日間はステロイド剤を注射されたが、担当医から「違う病気の疑いがあります」と大学病院を紹介される。

検査の結果、膠原病《こうげんびょう》と診断された。膠原病は自己《じこ》免疫疾患《めんえきしっかん》とも呼ばれ、その関連疾患の多くが指定難病とされている。膠原病にはさまざまな疾患があり、私の場合は多発血管炎性肉芽腫症《たはっけつかんえんせいにくがしゅしょう》で、耳に発症するのは大変珍しい例だと言われた。

膠原病は、本来は自身を守るはずの免疫が正常な細胞や組織まで攻撃してしまうという厄介なものである。その治療法は、免疫力を抑制するステロイド剤の使用が中心とされているが、完治はしないと告げられた。

診断後はステロイドの点滴を一週間投与され、そのあとはステロイド剤を飲み続けた。すると耳は聴こえるようになったが、副作用で足腰に力が入らなくなり、急に転ぶことが増えた。また、顔が倍ほどにむくんでしまった。

私はステロイド剤の大量使用にとまどいを覚えた。かつてアトリエ・ダンカン所属の歌手が本番で声が出なくなったとき、一回ステロイドを打つだけですぐに声が戻ったのを見ていたので、それほどステロイドは強烈な薬だと知っていたのだ。

「ステロイドをやめたいんですが」

大学病院の医者に意見すると、

「いつ死んでもおかしくない病気なんですよ」と言われ、しぶしぶステロイド剤を続けた。

そのころ、一年半かかった管財人による破産手続きが終わった。私は七六歳になっていた。

「プールで体を動かしてみたら?」

たび重なる病のため心身ともに生気を失っていた私を見かねて、家族が勧めてくれた。

二〇一五年一〇月、自宅近くのセントラルウエルネスクラブに入会し、屋内プールに通い始めた。

毎日一時間ずつ水中を歩く。水圧を受けながら一時間歩くことは、けっこうなハードトレーニングだった。アトリエ・ダンカン号が座礁し、舵を取ることもかなわず船を離れた私は、ひたすら水底《みなそこ》を蹴り、黙々と前へ進むしかなかった。

三か月ほどすると足腰が安定し、少し自信がついてきたので二五メートルプールに移り、泳ぎに挑戦することにした。水泳は子ども時代から得意だった。とくに平泳ぎは競泳選手だった母親譲りである。

泳ぐ前にはジムで三〇~四〇分ストレッチをした。高校時代は体操部と演劇部だったのでマット運動も得意である。これで体をやわらかくしてから水にいどむ。

平泳ぎで五〇〇メートル、つまり二五メートルプールをノンストップで一〇往復する。それを二回で計一〇〇〇メートル泳ぎ、休憩を入れずにクロールで五〇メートル。最初はゆっくりと手足を動かしていたが、しだいにスピードアップしていく。

いける。まだまだいけそうだぞ。

泳ぐのが楽しくなるのに合わせ、顔のむくみも解消されていった。気がつけば水泳を再開して約二年が過ぎていた。現在ではステロイド剤も、人が副腎皮質という臓器で作り出しているホルモンと同程度に減らしてもらい、寛解の状態が続いている。

舞台よ、よみがえれ

二〇一八年からは、泳いだあとにプールの目の前にあるホームセンターへ足を運ぶようになった。そのフリースペースの片隅に座り、あるノートを書き始めたのだ。

それは、プロデューサーとしての自身の足跡だった。

第72回
セントラルスポーツマスターズフェスティバル
50m 平泳ぎ
第3位 記録 56秒83
区分:男子 80~84歳
池田　道彦 殿
(セ・南千住)
あなたは頭書の通り優秀なる成績を得られました。
ここに日頃のたゆまぬ努力と健闘に対して心からの賛辞をおくります。
2019年12月15日
セントラルスポーツ株式会社
後藤聖治

資料も持参し、過去の記憶をたどり、一公演ずつデータやエピソードを書きとめていく。昨日も舞台を創り、今日も舞台を創る——。全身で演劇プロデュースという波間を渡ってきた日々の航海誌である。泳いだ直後にもかかわらず、執筆していても疲れを感じなかった。言うならば「スイマーズ・ハイ」だろうか。

水泳後の執筆は一九年まで続いた。生死にかかわる荒波を乗り越えた私の耳には、ある〝声〟が聞こえてくるような気がした。それはまだ、はっきりとした言葉ではなかったが……。

プールに通いはじめてから約四年が過ぎた一九年一二月一五日、私はセントラルスポーツマスターズフェスティバル(水泳大会)で八〇~八四歳の部にエントリーした。もちろん平泳ぎである。このイベントには関東だけでも一八歳から九〇歳までの約一二〇〇人が参加する。

開催場所は東京辰巳国際水泳場だ。スタート台に立つ。笛が鳴り、いっせいに水しぶきが上がる。少年の日のように無我夢中で泳いだ。

コース六人中、三位でゴール！　入賞を果たした。

心地よい達成感のなかで、次の目標が浮かんできた。

それは、以前にスペインのバルセロナで見た壮大な教会建築サグラダファミリアだ。設計者アントニオ・ガウディの没後一〇〇年となる二〇二六年の完成が待たれるという。

その記念の年に、ガウディとサグラダファミリアをテーマにした、日本発、世界に向けたオリ

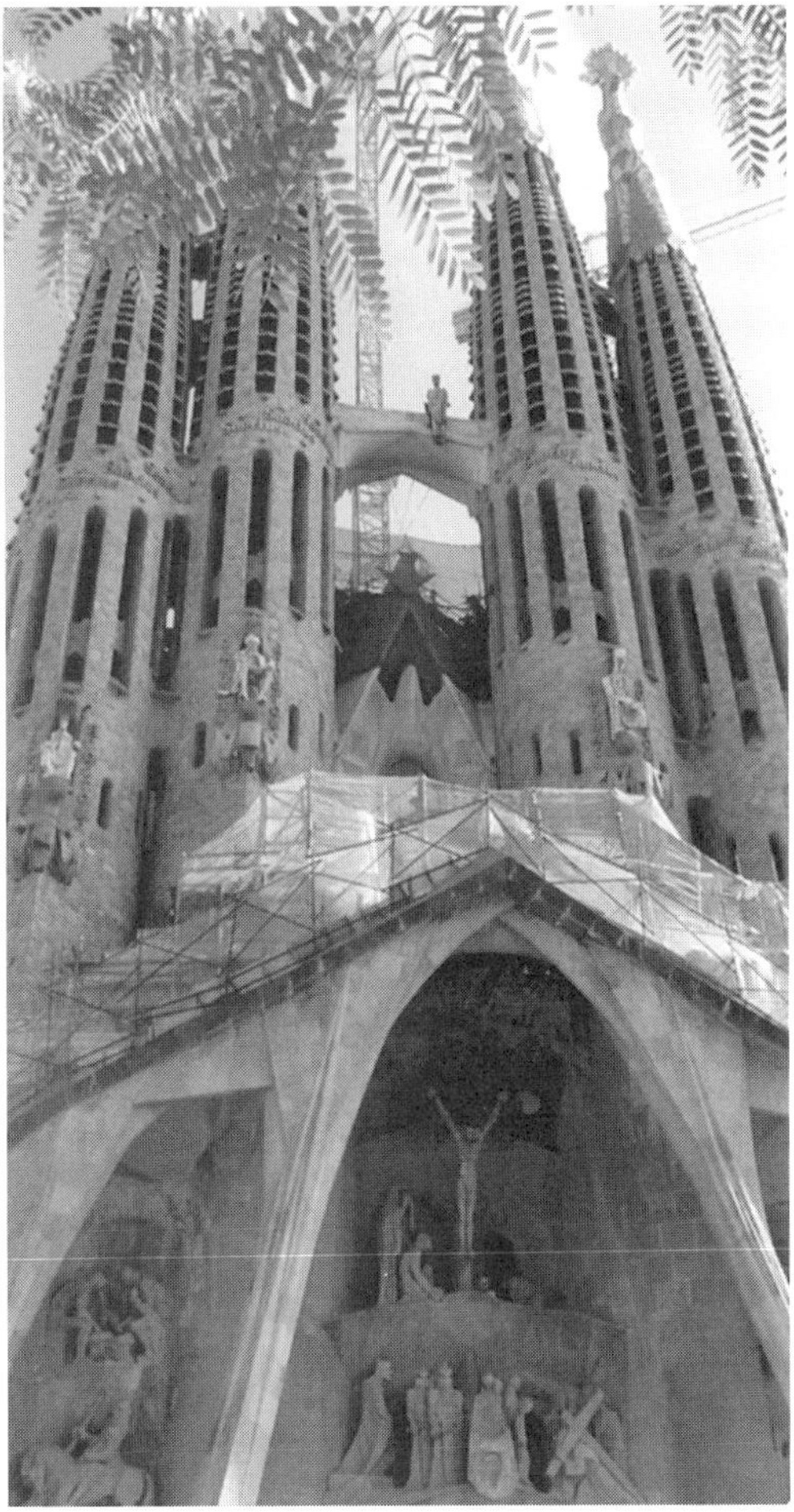
サグラダファミリア(スペイン・バルセロナ，2009年9月，筆者撮影)

ジナルミュージカルの公演を実現したい。夢にみる未来の舞台である。

ようやく荒波の彼方から〝声〟がはっきりと聞こえてきた。それは、演劇を愛する多くの仲間たちと私自身の、心の声だ。

「舞台よ、よみがえれ！」

あとがき

舞台の魅力とは、楽しくて、感動的で、切なくて、興奮して、時に怒って、苦しんで、日常を忘れる空間と時間。

その時、そこでしか見られない魔法、それが舞台だ！

明かりが消え、ざわめきも闇に吸い込まれる。

束の間、すべてが無化したようになる。

やがて「光あれ」とばかりにサーッと幕があき、舞台が照らし出される。

拍手が鳴り響く。始まった!!

この瞬間の感慨はいつも格別だ。

それは自身がプロデューサーとして手がけている舞台であっても同じ。一人の観客となってワクワクドキドキする。

演出も、音楽も、出演者ひとりひとりの顔も名前も充分知っていながら、期待と不安が入り混じる。

この心境は、舞台プロデューサーをやってきた五〇年間まったく変わっていない。なぜなら、それが舞台、ライブというものだから！

最後に、今回の私の書籍の出版に際して、企画・ご協力をいただいた、作家の藤谷治さん、エンジンルームの藤田修さん、編集・ライターの増島正巳さんに心から感謝いたします。ありがとうございました。

池田道彦

二〇二三年三月

［後記］風を待つとき

増島正巳

うかつなことに私は、ほんの三年前まで池田道彦さんのことをまったく知りませんでした。

そもそものきっかけとなったのは、あの大スター、ザ・ピーナッツです。二〇一七年春に穂口雄右《ほぐちゆうすけ》氏との共著『小説 春一番――キャンディーズに恋した作曲家』（マガジンランド）を刊行した私は、キャンディーズの先輩として、一九六〇年代を中心に活躍したザ・ピーナッツにも関心を深めるようになりました。そのデビュー時代を知る人を探していたところ、ある方から池田さんを紹介されたのです。

「六〇年も前のことだから、どのくらい覚えているかわかりませんが……」

ホテルのロビーで初めてお会いした池田さんは、やや遠慮がちに語り始めました。

ザ・ピーナッツについてのインタビューがひととおり終わると、池田さんは何やら鞄の中から取り出して、コーヒーカップの横に置きました。それは、中身のぎっしり詰まった分厚いファイルでした。

「ちょっと見てもらえますか」

それまで穏やかだった池田さんの目が、なぜか強い光を帯びてきました。促されるままにファイルをめくっていくと、一枚一枚に熱のこもった手書きの文章が綴られていました。それは、膨大な量の演劇作品の記録だったのです。

「これを本にしたいと思っているんですが、どうでしょう？」

池田さんの目がさらに輝きを増します。その光に操られるかのように、ファイルの中から、よく知られた役者や歌手、タレントが次々に躍り出てくるように思えました。ようやく私は、目の前の人物が並々ならぬ実績をもつ演劇プロデューサーであることを知ったのです。

「すごい内容ですね！　全体のボリュームもすごい。どうしたら多くの人に手軽に読んでもらえる本にできるか、考えてみましょう」

縁は異なもので、お会いしたその日から池田さんとの二人三脚が始まったのです。お住まいのある荒川区南千住のファミリーレストランが、私たちのたびたびの打ち合わせ場所となりました。ドリンクバーだけで何時間もねばり、構成の検討や追加取材を進めていきました。

絶対に紹介したい公演作品はどれか——舞台裏のエピソードや時代背景もなるべく入れたい——著者の幼少期にも触れたほうがいいのでは——など試行錯誤を重ねるうち、しだいに全体像が見えてきました。

ちなみに私の住まいは八王子市です。東京を大横断して南千住に向かう際、特大の鯛焼《たいや》きで知られる八王子の「鯛八《たいはち》」でお土産を買っていったこともあります。

「この鯛焼きはうまいなあ！　下町にもないほどの味ですよ。ぜひ家族にも食べさせたい。お金は払いますので、またお願いします！」

名プロデューサーにわが地元の名物をほめられて、うれしくないはずがありません。リクエストどおり次は一〇個買っていきました。なにしろ特大なので、けっこう重かったのですが……。

やがて出版社との交渉も始まり、神保町を訪れる回数が増えました。池田さんはプレゼン用に、チラシやプログラムなど約四〇年分の資料を詰め込んだ黒いキャリーバッグをひいてきました。地下鉄駅の長い階段で、ズッシリしたそのバッグをひっぱり上げます。「持ちましょうか？」と声をかけると、「いやいや大丈夫」と笑顔さえ浮かべる池田さん。特大の鯛焼き一〇個どころの重さではない、魂の記録を自らの手で持ち運ぶ姿は、まさに〝全身演劇プロデューサー〟と呼ぶにふさわしいものでした。

ですから私は、池田さんと出会えた幸運に感謝するとともに、新たな風が吹くのを待っているのです。本書を出航の合図とし、次に帆を上げる舞台作品こそ、全身演劇プロデューサー、池田道彦の最高傑作であってほしい。それが、遅れてきた演劇ファンのひそかな願いです。

最後になりましたが、岩波書店の上田麻里さんには大変お世話になりました。こちらのわがままを誠実に受け止めながら、粘り強く編集を進めていただき、刊行を実現してくださいました。心より感謝いたします。

主要参考文献

浅丘ルリ子『咲きつづける――女優浅丘ルリ子』主婦の友社、二〇一三年
五木寛之『わが人生の歌がたり』全三巻、角川書店、二〇〇七〜〇九年
井上達彦著・寺内タケシ監修『新宿ACB――60年代ジャズ喫茶のヒーローたち』講談社、二〇〇三年
遠藤功『新幹線お掃除の天使たち――「世界一の現場力」はどう生まれたか?』あさ出版、二〇一二年
木﨑賢治『プロデュースの基本』集英社インターナショナル、二〇二〇年
木の実ナナ『笑顔で乗り切る』講談社、二〇〇二年
鈴木理映子・編集部編『〈現代演劇〉のレッスン――拡がる場、越える表現』フィルムアート社、二〇一六年
扇田昭彦『日本の現代演劇』岩波新書、一九九五年
野地秩嘉『渡辺晋物語――昭和のスター王国を築いた男』マガジンハウス、二〇一〇年
福田陽一郎『渥美清の肘突き――人生ほど素敵なショーはない』岩波書店、二〇〇八年
藤谷治『船に乗れ!』全三巻、ジャイブ、二〇〇八〜〇九年
万城目学『鴨川ホルモー』産業編集センター、二〇〇六年
三浦しをん『風が強く吹いている』新潮社、二〇〇六年
皆川博子『二人阿国』新潮社、一九八八年
森見登美彦『夜は短し歩けよ乙女』角川書店、二〇〇六年
矢野誠一『舞台の記憶――忘れがたき昭和の名演名人藝』岩波書店、二〇一五年

池田道彦プロデュース作品一覧(1974〜2014年)

・作品名の下は主な出演者
・最終行は，主な公演日程及び公演場所

1974年

1　PARCO ディナーショー PM 9：55 劇場　**SHOW GIRL ショーガール**
木の実ナナ，細川俊之
(脚本構成・演出)福田陽一郎　(音楽監督・編曲)宮川泰　(企画)ワタナベプロ
池田道彦，境和夫，田中大三
7/23-7/27 西武劇場

2　**ショーガール 2 nd**
木の実ナナ，細川俊之
(脚本・演出)福田陽一郎　(音楽監督・編曲)宮川泰　(制作協力)渡辺企画
PARCO・渡辺プロダクション提携公演
10/5-10/10 西武劇場

1975年

3　演劇スペクタクル　**唐版　滝の白糸**
沢田研二，李礼仙，伊藤雄之助
(作)唐十郎　(演出)蜷川幸雄　(企画・プロデュース)葛井欣士郎，池田道彦
3/11-3/16 大映東京撮影所大スタジオ

4　**ショーガール No. 3　3年目の浮気**
木の実ナナ，細川俊之
(脚本・演出)福田陽一郎　(音楽監督・編曲)宮川泰
1/18-1/25 西武劇場

1976年

5　**ショーガール No. 4　女の害について**
木の実ナナ，細川俊之
(脚本・演出)福田陽一郎　(音楽監督・編曲)宮川泰　(振付)山田卓　(企画)池田道彦，田中大三　(制作)パルコ，渡辺プロダクション
3/26-4/3 PARCO 西武劇場

6　**ショーガール No. 5　真夜中のパーティ**
木の実ナナ，細川俊之
(脚本・演出)福田陽一郎　(音楽監督・編曲)宮川泰　(振付)山田卓　(企画)パル

コ，池田道彦，田中大三　(制作)パルコ，渡辺プロダクション
11/2-11/10 PARCO 西武劇場

1977年

7　ショーガール No. 6　わたしの可愛いひと
木の実ナナ，細川俊之
(脚本・演出)福田陽一郎　(音楽監督・編曲)宮川泰　(振付)山田卓　(企画・制作)パルコ，渡辺プロダクション
12/14-12/25 PARCO 西武劇場

1978年

8　ショーガール No. 7　離婚友だち！
木の実ナナ，細川俊之
(作・構成・演出)福田陽一郎　(音楽監督・編曲)宮川泰
12/8-12/30 PARCO 西武劇場

1979年

9　金子由香利リサイタル　公園通りのシャンソニエ
(企画・制作)アトリエ・ダンカン
3/23-3/25 PARCO 西武劇場

10　ショーガール No. 8　第2章・書きかけの童話
木の実ナナ，細川俊之
(脚本・演出)福田陽一郎　(音楽監督・編曲)宮川泰　(企画・制作)パルコ　(協力)アトリエ・ダンカン，藤本企画，オフィス・トゥー・ワン
12/7-12/25 PARCO 西武劇場

1980年

11　ショーガール No. 9　男嫌い・女嫌い
木の実ナナ，細川俊之
(脚本・演出)福田陽一郎　(音楽監督・編曲)宮川泰　(振付)山田卓
12/4-12/28 PARCO 西武劇場

1981年

12　ショーガール No. 10　サヨナラを言うまでは
木の実ナナ，細川俊之
(脚本・演出)福田陽一郎　(音楽監督・編曲)宮川泰　(振付)山田卓　(制作協力)アトリエ・ダンカン，オフィス・トゥー・ワン，藤本企画
12/5-12/27 PARCO 西武劇場

1982年

13 金子由香利 巴里に唄う

(企画・制作)アトリエ・ダンカン

7/14–7/15 NHKホール

1983年

14 ショーガール No. 11 ラブストーリー・レッスン

木の実ナナ，細川俊之

(脚本・演出)福田陽一郎 (音楽監督・編曲)宮川泰 (振付)山田卓 (制作協力)アトリエ・ダンカン，オフィス・トゥー・ワン，藤本企画

12/6–12/29 PARCO西武劇場

1984年

15 ショーガール No. 12 LOVE・二都物語

木の実ナナ，細川俊之

(作・演出)福田陽一郎 (音楽監督・編曲)宮川泰 (振付)山田卓 (企画・制作)パルコ (制作協力)アトリエ・ダンカン，オフィス・トゥー・ワン，藤本企画

12/5–12/27 PARCO西武劇場

1985年

16 ショーガール No. 13 ベスト・フレンド物語

木の実ナナ，細川俊之

(作・演出)福田陽一郎 (音楽監督・編曲)宮川泰 (振付)山田卓 (企画)パルコ (制作協力)アトリエ・ダンカン，オフィス・トゥー・ワン，藤本企画

12/5–12/28 PARCO劇場

17 小堺クンのおすましでSHOW

小堺一機，関根勤

(構成・演出)菅野こうめい (音楽監督)宮川泰 (振付)山下健司

8/2–8/6 PARCO劇場

1986年

18 ショーガール No. 14 恋の引越し物語

木の実ナナ，細川俊之

(作・演出)福田陽一郎 (音楽監督・編曲)宮川泰 (振付)山田卓 (企画)パルコ (制作協力)アトリエ・ダンカン，オフィス・トゥー・ワン，藤本企画

12/5–12/28 PARCO劇場

19 上條恒彦コンサート 悪夢のオルゴール――20世紀黄金時代の名曲を歌う

(原作・構成・演出)松井邦雄 (音楽・編曲)前田憲男 (演奏)coba[アコーディオン]ほか

初夏 渋谷ジァン・ジァン

1987年

20 ショーガール No. 15 幕が降りても！
木の実ナナ，細川俊之
(作・演出)福田陽一郎 (音楽監督・編曲)宮川泰 (振付)山田卓 (企画)パルコ
(制作協力)アトリエ・ダンカン，オフィス・トゥー・ワン，藤本企画
12/5-12/27 PARCO劇場

21 ソールジャーズ・プレー 兵士たちのブルース
永島敏行，渡辺裕之，三好鉄生，石田純一，上條恒彦，矢島健一，湯浅実
(原作)チャールズ・フラー (演出)小林裕 (企画)本田延三郎 (制作)池田道彦，安澤哲男
11/11-11/15 シアターアプル

22 楽劇 あづち——麗しき魔王の国
沢田研二，役所広司，桑名正博，天宮良
(作)市川森一 (演出)加藤直 (音楽)久石譲 (振付)花柳芳次郎
10/3-10/29 銀座セゾン劇場

23 青春グラフィティミュージカル ACB《アシベ》——恋の片道切符
田原俊彦，富田靖子，ジョニー大倉，余貴美子，ミッキー・カーチス，柴俊夫
(作・演出)河合義隆 (音楽)井上堯之 (演奏)井上堯之シャッフルバンド
12/5-12/27 日生劇場

1988年

24 ショーガール No. 16 また逢う日まで
木の実ナナ，細川俊之
(作・演出)福田陽一郎 (音楽監督・編曲)宮川泰 (振付)山田卓 (企画)パルコ
(制作協力)アトリエ・ダンカン，オフィス・トゥー・ワン，藤本企画 (プロモート)フジテレビ
12/5-12/25 PARCO劇場

25 イカれた主婦 ANGRY HOUSEWIVES
木の実ナナ，秋川リサ，小松政夫，森公美子，白木美貴子，若松武，塩野谷正幸
(脚本)A. M. コリンズ (訳・演出)加藤直 (振付)西条満 (音楽)井上堯之
7/5-7/29 恵比寿ファクトリー

26 音楽劇 ドン・ジョヴァンニ——超人のつくり方
沢田研二，秋吉満ちる，斎藤晴彦
(作・演出)加藤直 (作曲・音楽監督)林光
12/3-12/26 銀座セゾン劇場

1989年

27　オフ・ブロードウェイ・ミュージカル **イカれた主婦 ANGRY HOUSEWIVES**
木の実ナナ，秋川リサ，小野ヤスシ，井上堯之シャッフルバンド，森公美子，石野真子
(脚本)A. M. コリンズ　(訳・演出)加藤直　(振付)西条満
7/18-7/24 シアターアプルほか　1990年2/8-2/9 中野サンプラザほか

28　**沢田研二 ACT クルトワイル**
沢田研二
(構成・演出)加藤直　(演奏)小林靖宏ユニット
3/3-3/13 東京グローブ座

29　**カンコンキンのびっくり箱**
関根勤，ルー大柴，ラッキイ池田，森公美子
6/3-6/6 浅草・常盤座

1990年

30　**沢田研二 ACT ボリスヴィアン**
沢田研二
(構成・演出)加藤直　(編曲)小林靖宏
3/7-3/18 東京グローブ座

31　**萩原健一ロックコンサート R　コレラの時代の愛**
(演奏)井上堯之[ギター]，ミッキー吉野[キーボード]ほか
9/16-9/30 シアターコクーン

32　ブラジリアン・ミュージカル **オペラ・ド・マランドロ**
田原俊彦，高岡早紀，川平慈英，杏子，うじきつよし
(原作)シコ・ブアルキ　(脚本)多田誠　(演出・振付)宮本亜門　(振付)前田清実，ボビー吉野
7/6-7/28 日生劇場

33　ABC ミュージカル **阿 OKUNI 国**
木の実ナナ，芳本美代子，上々颱風，池畑慎之介，若松武，上條恒彦
(原作)皆川博子　(脚本)鈴木聡　(演出)栗山民也　(振付)前田清実
11/3-11/28 大阪・近鉄劇場

1991年

34　**沢田研二 ACT ニーノ・ロータ――夢はフェリーニ**
沢田研二，石富由美子，池田有希子，深沢敦
(作・演出)加藤直　(音楽監督)小林靖宏　(振付)前田清実
3/3-3/11 パナソニックグローブ座　3/17-3/24 新神戸オリエンタル劇場

35　スパニッシュ・ミュージカル **バルセロナ物語**
東山紀之，牧瀬里穂，李麗仙，上條恒彦，渡辺香津美，余貴美子
(脚本・作詞)鈴木聡　(演出)栗山民也　(振付)前田清実
12/6-12/27 日生劇場

1992年

36　沢田研二 ACT **サルバドール・ダリ 劇場美術館——人は休みなく愛している**
沢田研二，篠井英介，斎藤克己
(作・演出)加藤直　(音楽監督)小林靖宏
3/4-3/9 新神戸オリエンタル劇場　3/12-3/22 パナソニックグローブ座

37　オリジナルミュージカル **阿 OKUNI 国**
木の実ナナ，池畑慎之介
(脚本)鈴木聡　(演出)栗山民也　(振付)前田清実
4/1-4/12 Bunkamura シアターコクーン　4/16-4/18 愛知厚生年金会館　4/24-4/28 大阪厚生年金会館

38　LONDON MUSICAL **スライス・オブ・サタデーナイト**
尾藤イサオ，森公美子，芳本美代子，川平慈英
(演出)大林宣彦　(振付)前田清実
6/11-6/26 シアターアプル

39　LONDON MUSICAL **スライス・オブ・サタデーナイト**
尾藤イサオ，森公美子，芳本美代子，川平慈英
(演出)大林宣彦　(振付)前田清実
10/21-10/24 シアターアプル

40　傑作音楽劇 **下町のショーガール**
木の実ナナ，森公美子，今村ねずみ，若松武，GWINKO
(脚本・作詞)鈴木聡　(演出)栗山民也　(振付)西条満
10/4-10/5 新宿厚生年金会館　11/23-11/24 中野サンプラザ

1993年

41　ミュージカル **香港ラプソディー**
福井貴一，マリーン，伊原剛志，宮本裕子
(原作)西木正明　(演出・振付)宮本亜門　(音楽)ディック・リー
3/1-4/11 アートスフィア

42　ミュージカル **阿 OKUNI 国**
木の実ナナ，池畑慎之介
(脚本)鈴木聡　(演出)栗山民也　(振付)前田清実
6/11-6/27 青山劇場

43 音楽劇 **漂泊者のアリア**（NHK ホール開館 20 周年記念公演）
沢田研二，鮫島有美子，吉行和子，風吹ジュン，藤木孝，順みつき，尾藤イサオ
（原作）古川薫　（脚本）堀越真　（演出）栗山民也　（音楽）宮川彬良　（美術）妹尾河童　（演奏）東京フィルハーモニー交響楽団　（指揮）竹本泰蔵
6/27-7/2 NHK ホールほか

44 **沢田研二 ACT シェイクスピア**
沢田研二
（作・演出）加藤直　（音楽監督）小林靖宏
3/10-3/21 パナソニックグローブ座　3/24-3/29 新神戸オリエンタル劇場

1994 年

45 音楽幻想劇 **ラスト・チャンス・キャバレー**
高泉淳子，巻上公一，白井晃，剣幸
（原作）オスカー・カストロ，ピエール・バルー　（脚本）高泉淳子　（構成・演出）白井晃　（音楽）アニタ・ヴァレホ，ピエール・バルー　（振付）謝珠栄
3/18-3/31 Bunkamura シアターコクーン　4/6-4/10 大阪 IMP ホール　4/13-4/14 名古屋市民会館中ホール　4/16 横浜関内ホール

46 PLAY with DANCING **ステッピング・アウト**
木の実ナナ，河内桃子，高畑淳子，羽野晶紀
（原作）リチャード・ハリス　（訳・演出）栗山民也　（音楽）甲斐正人　（振付）前田清実，藤井真梨子
7/30-7/31 東京厚生年金会館

1995 年

47 ミュージカル **阿 OKUNI 国**
木の実ナナ，篠井英介
（脚本）鈴木聡　（演出）栗山民也　（振付）前田清実
3/9-3/10, 4/21-4/23 東京厚生年金会館

48 ハウス食品スペシャル BROADWAY MUSICAL **楽園伝説**
西田ひかる，松岡英明，上條恒彦，日向薫
（演出・振付）中村龍史　（訳・作詞）竜真知子
7/22-8/3 アートスフィア　8/7-8/8 愛知厚生年金会館　8/11-8/18 大阪・シアター・ドラマシティ

1996 年

49 SWING JAZZ STORY **青空のある限り**
長瀬智也，中川安奈，高畑淳子
（原作）山川方夫　（脚本）坂手洋二　（演出）栗山民也　（振付）前田清実
5/7-5/31 PARCO 劇場ほか

50　ABC ミュージカル **狸 TANUKI**
木の実ナナ，国本武春，岡幸二郎，赤坂晃，橋本さとし
(作・演出)鈴木聡　(振付)前田清実
11/2–11/28 大阪・近鉄劇場

51　**田中裕子コンサート**
ラフォーレ赤坂

1997年

52　**森公美子コンサート 天使にラブラブ**
4/6–4/7 Bunkamura オーチャードホールほか

1998年

53　ミュージカル **銀河の約束**
中村雅俊，広末涼子，谷啓，河相我聞
(脚本)中島かずき　(演出)岡村俊一　(主題歌)小田和正　(振付)前田清実
10/10–10/25 東京芸術劇場中ホール　11/13–11/14 東京厚生年金会館ほか

54　**ロス・タラントス――バルセロナ物語**
木の実ナナ，西田ひかる，曽我泰久，上條恒彦，石井一孝
(原作)アルフレッド・マニャス　(脚本・フラメンコ振付)斎藤克己　(演出)栗山民也　(振付)前田清実
12/5–12/27 アートスフィア

1999年

55　**女賊――地下室の壁に謎と書いて恋**
篠井英介
(作・演出・美術・衣装・美粧)橋本治
11/7–11/23 シアタートラム(世田谷パブリックシアター小劇場)

2000年

56　**ロス・タラントス――バルセロナ物語**
木の実ナナ，西田ひかる，上條恒彦，石井一孝
(原作)アルフレッド・マニャス　(脚本・フラメンコ振付)斎藤克己　(演出)栗山民也　(振付)前田清実
1/16–1/24 大阪・シアター・ドラマシティ　8/4–8/20 アートスフィア

57　ミュージカル・コメディー **ママ・ラヴズ・マンボ**
黒木瞳，森山未來，岡幸二郎
(脚本・作詞・演出・振付)ハマナカトオル　(作曲・編曲・音楽監督)山口琇也
8/17–8/24 PARCO 劇場　8/26 愛知県勤労会館　8/28–8/30 大阪厚生年金会館芸術ホール

58 BIG LADIES CLUB ビッグ・レディース・クラブ DYNAMIC MUSICAL SHOW
森公美子，カワイ麻弓，斉藤こず恵
(脚本)高須晶子 (演出・振付)中村龍史 (構成)下山啓
9/8-9/17 PARCO 劇場

59 出島 MUSICAL DEJIMA
木の実ナナ，一色紗英，近藤正臣，山本太郎，石井一孝
(原作)市川森一 (脚本)中島かずき (演出)鵜山仁 (振付)前田清実 (美術)妹尾河童
4/23-4/29 長崎ブリックホール 11/17-12/6 アートスフィア

2001 年

60 ハウス食品スペシャル **こくまろな女達**
かとうかずこ，森山未來，高田万由子，真矢みき，五月みどり，森公美子
(脚本)中谷まゆみ (演出)宮田慶子 (振付)川崎悦子
8/15-8/26 Bunkamura シアターコクーン

61 **欲望という名の電車**
篠井英介，久世星佳，田中哲司，加勢大周
(原作)テネシー・ウィリアムズ (演出・美術)鈴木勝秀 (翻訳)小田島雄志
9/7-9/24 青山円形劇場

62 Musical **クリスマス・ボックス**
東山紀之，黒木瞳，純名里沙，岡幸二郎，上條恒彦，屋良朝幸
(原作)リチャード・ポール・エヴァンス (脚本)堀越真 (演出)栗山民也 (振付)麻咲梨乃
11/9-12/2 青山円形劇場 12/5-12/9 大阪・フェスティバルホール

2002 年

63 **Little Voice リトル・ヴォイス**
山本陽子，江守徹，池田有希子，大沢健，花山佳子
(原作)ジム・カートライト (翻訳・演出)江守徹
7/5-7/21 Bunkamura シアターコクーン

64 **伝説の女優**
浅丘ルリ子，木の実ナナ，高畑淳子，斎藤晴彦，大澄賢也
(原作)ジェームズ・カークウッド (演出)宮田慶子 (翻訳)常田景子 (振付)前田清実
11/15-12/15 アートスフィア

2003年

65 ミュージカル **阿OKUNI国**
木の実ナナ，池畑慎之介
(脚本)鈴木聡 (演出)栗山民也 (振付)前田清実
7/8-7/27 ル・テアトル銀座ほか

66 **欲望という名の電車**
篠井英介，古田新太，田中哲司，久世星佳
(原作)テネシー・ウィリアムズ (演出)鈴木勝秀 (翻訳)小田島雄志
11/7-11/30 青山円形劇場

2004年

67 **スター誕生**(日本音楽事業者協会創立40周年記念ミュージカル)
仲間由紀恵，島谷ひとみ，今井絵理子，加藤茶，布施明，中尾ミエ，森山未來，ROLLY，森公美子，諸星克己
(脚本・演出)ラサール石井 (共同脚本)砂本量 (振付)川崎悦子
3/17-4/18 青山劇場

68 **伝説の女優**
浅丘ルリ子，木の実ナナ，川平慈英，小林正寛，高畑淳子，大澄賢也
(原作)ジェームズ・カークウッド (演出)宮田慶子 (翻訳)常田景子 (振付)前田清実
7/3-7/14 アートスフィア

69 テレビ東京開局40周年記念 **8人の女たち**
木の実ナナ，安寿ミラ，岡本麗，毬谷友子，山本陽子，ソニン，佐藤江梨子，喜多道枝
(演出)江守徹
11/19-12/12 アートスフィア

2005年

70 THEATRE 1010 開館記念公演 **劇場の神様 極付丹下左膳**
岡本健一，山田まりや，佐野瑞樹，近藤正臣，玉川スミ
(原作)原田宗典，林不忘 (脚本・演出)大谷亮介 (振付・所作)尾上菊紫郎
1/5-1/23 シアター1010

71 音楽劇 **おんなの落語**
木の実ナナ，陰山泰，植本潤，内田滋
(作・演出)鈴木聡 (振付)神崎由布子
7/1-7/12 シアター1010

72 AICHI JAPAN 2005 **LIVE! OKUNI――阿国**
木の実ナナ，浦井健治，若松武史

（演出・振付）前田清実
5/4–5/6 愛・地球博 EXPO ドーム

73　赤い夕陽のサイゴン・ホテル
藤山直美，今井清隆，山田まりや
（作・演出）水谷龍二　（テーマ曲）上田正樹
8/5–8/28 ル・テアトル銀座　9/2–9/8 大阪・シアター・ドラマシティ　9/10–9/30 名鉄ホール

74　スタジオモダンミリイ・ダンスライブ WONDERLAND
森山未來，モダンミリイカンパニー
（構成・演出）森山麗子　（振付）安川ゆう子ほか
8/9–8/12 大阪厚生年金会館芸術ホール　8/16–8/21 アートスフィア

2006 年

75　BAT BOY THE MUSICAL
森山未來，杜けあき，福井貴一
（原作）キース・ファーレイ，ブライアン・フレミング　（翻訳・演出）吉川徹　（振付）川崎悦子
1/17–1/19 東京厚生年金会館ほか

76　SANKYO 志村けん一座旗揚げ公演 志村魂
志村けん，ダチョウ倶楽部，多岐川裕美，地井武男，池田成志，山口もえ
（脚本・演出）ラサール石井　（脚本）朝長浩之，ケラリーノ・サンドロヴィッチ，妹尾匡夫　（振付）川崎悦子
4/6–4/20 東京芸術劇場中ホール

77　忍者イリュージョン NARUTO——ナルト
屋良朝幸，新妻聖子，愛華みれ，岡幸二郎，尾藤イサオ，町田慎吾，米花剛史，牧山純
（原作）岸本斉史　（脚本・演出）きだつよし　（振付）川崎悦子
5/4–5/14 五反田ゆうぽうと簡易保険ホール　5/19–5/21 大阪・シアター BRAVA!

78　LONDON MUSICAL OUR HOUSE アワハウス
中川晃教，今井清隆，池田有希子，池田成志，坂元健児，新納慎也，香寿たつき
（原作）ティム・ファース　（演出・翻訳）G2　（訳詞）後藤ひろひと
6/7 ハーモニーホール座間　6/16–7/2 新国立劇場中劇場　7/13–7/17 大阪・シアター・ドラマシティ　7/21–7/22 新潟市民芸術文化会館

79　伝説の女優
浅丘ルリ子，木の実ナナ，太川陽介
（原作）ジェームズ・カークウッド　（演出）宮田慶子　（翻訳）常田景子　（振付）前田清実
9/26–10/1 ル・テアトル銀座

2007年

80 ミュージカル **阿OKUNI国**
木の実ナナ，池畑慎之介，上條恒彦，上々颱風
（原作）皆川博子　（脚本・作詞）鈴木聡　（演出）栗山民也　（振付）前田清実
3/3–3/29 新橋演舞場　4/3–4/15 京都・南座

81 SANKYO **志村魂2**
志村けん，ダチョウ倶楽部，地井武男，森下千里，坂本あきら，美保純
（脚本・演出）ラサール石井　（脚本）朝長浩之　（振付）川崎悦子
6/16–6/27 東京芸術劇場中ホール

82 **血の婚礼**
森山未來，ソニン，浅見れいな，岡田浩暉，江波杏子
（原作）フェデリコ・ガルシア・ロルカ　（台本・演出）白井晃　（演奏）渡辺香津美
（振付）斎藤克己
5/3–5/20 東京グローブ座ほか

83 **LIVE阿国 IN 生島足島神社**
木の実ナナ，大和田美帆，新納慎也
（演出・振付）前田清実
7/16 長野県・生島足島神社歌舞伎舞台

84 **OCTOBER**（吉本興業×アトリエ・ダンカン プレイステージプロジェクト0）
風花舞，西村直人
（作）金房実加，大岩石　（演出）渡邉さつき
10/26–10/28 笹塚ファクトリー

85 **欲望という名の電車**
篠井英介，明星真由美，北村有起哉，小島聖，伊達暁，鈴木慶一
（原作）テネシー・ウィリアムズ　（演出）鈴木勝秀　（翻訳）小田島恒志
11/16–11/25 東京グローブ座

2008年

86 **空中ブランコ**
宮迫博之，佐藤江梨子，坂元健児，高橋由美子
（原作）奥田英朗　（脚本）倉持裕　（演出）河原雅彦
4/20–5/5 東京芸術劇場中ホールほか

87 SANKYO **志村魂3**
志村けん，あめくみちこ，桑野信義，ダチョウ倶楽部，坂本あきら
（脚本・演出）ラサール石井　（脚本）朝長浩之　（振付）川崎悦子
5/17–5/25 天王洲 銀河劇場

88　**ウエディング・ママ 愛に年齢はいらない…**

木の実ナナ，香寿たつき，鷲尾真知子，井上順，田中健，尾藤イサオ，新納慎也

(原作)オリヴィア・ゴールドスミス　(脚本)福島三郎　(演出)宮田慶子　(振付)青木美保

7/25-8/4 世田谷パブリックシアター

89　ミュージカル **サ・ビ・タ――雨が運んだ愛**

駒田一，山崎育三郎，原田夏希

(脚本)オ・ウンヒ　(日本語訳詞・台本・演出)中島淳彦　(振付)JuNGLE　(プロデューサー)田口豪孝[東宝]，池田道彦[アトリエ・ダンカン]

7/26-8/17 シアタートラム

90　**サド侯爵夫人**

篠井英介，天宮良，加納幸和，石井正則

(原作)三島由紀夫　(演出)鈴木勝秀

10/17-10/26 東京グローブ座ほか

2009年

91　**風が強く吹いている**

黄川田将也，和田正人

(原作)三浦しをん　(脚本)鈴木哲也　(演出)鈴木裕美

1/8-1/18 ル・テアトル銀座

92　**夜は短し歩けよ乙女**

田中美保，渡部豪太，辺見えみり，ベンガル

(原作)森見登美彦　(脚本・演出)東憲司

4/3-4/15 東京グローブ座

93　**鴨川ホルモー**(吉祥寺シアター開館5周年記念公演)

石田卓也，芦名星

(原作)万城目学　(脚本・演出)鄭義信　(振付)伊藤多恵

5/15-6/7 吉祥寺シアター

94　音楽舞闘会 **黒執事――その執事，友好**

松下優也，阪本奨悟

(原作)枢やな　(脚本・演出)浅沼晋太郎　(ダンス振付)本山新之助　(アクション振付)NAO-G

5/28-6/7 サンシャイン劇場

95　SANKYO **志村魂4　松竹新喜劇の名作「人生双六」再び**

志村けん，ダチョウ倶楽部，桑野信義，あめくみちこ

(脚本・演出)ラサール石井　(脚本)朝長浩之　(振付)川崎悦子

7/4-7/12 天王洲 銀河劇場

96　ミュージカル **オペラ・ド・マランドロ――リオデジャネイロ 1941**
別所哲也，マルシア，石井一孝，石川梨華，社けあき，小林勝也
(原作)シコ・ブアルキ　(脚本)鈴木勝秀　(演出)荻田浩一
7/25-8/2 東京芸術劇場中ホール

97　**25 年目の小堺クンのおすましで SHOW イン グローブ座**
小堺一機，松尾伴内
(脚本)舘川範雄　(構成・演出)小堺一機　(振付)青木美保
9/4-9/13 東京グローブ座

98　音楽劇 **トリツカレ男**
坂元健児，浦嶋りんこ，原田郁子，尾藤イサオ
(原作)いしいしんじ　(脚本)倉持裕　(演出)土田英生　(振付)小野寺修二
9/4-9/13 天王洲 銀河劇場ほか

99　翻案劇 **サロメ**
篠井英介，江波杏子，森山開次，上條恒彦
(原作)オスカー・ワイルド　(上演台本・演出)鈴木勝秀
10/19-10/25 東京グローブ座ほか

100　**輝け！ 主婦バンド スモーク・オン・ザ・ウォーター 2009**
エド・はるみ，秋野暢子，杏子，中澤裕子，モト冬樹
(原作)五十嵐貴之　(脚本)鈴木哲也　(演出)菅野こうめい
11/7-11/15 ル・テアトル銀座

2010 年

101　ミュージカル **サ・ビ・タ――雨が運んだ愛**
駒田一，山崎育三郎，原田夏希
(脚本)オ・ウンヒ　(日本語訳詞・台本・演出)中島淳彦
3/26-4/4 本多劇場

102　**デュエット・フォー・ワン Duet for One**
安めぐみ，米倉利紀
(脚本)TOM KENPINSKI　(演出)鄭義信
3/26-4/4 池袋・あうるすぽっと　4/13-4/15 亀戸・カメリアホール

103　ミュージカル **黒執事――千の魂と堕ちた死神**
松下優也，大西幸人
(原作)枢やな　(脚本・構成・作詞)岡田磨里　(演出・構成)福山桜子　(振付)佐藤美帆
5/3-5/9 赤坂 ACT シアターほか

104　オフ・ブロードウェイ・ミュージカル **イカれた主婦 ANGRY HOUSEWIVES**
木の実ナナ，彩輝なお，キムラ緑子，浦嶋りんこ，山崎育三郎，ROLLY

(脚本)A. M. コリンズ　(演出)板垣恭一　(演奏)長谷川稚大バンド
5/15-5/23 ル・テアトル銀座ほか

105　オフ・ブロードウェイ・ミュージカル **リトルショップ・オブ・ホラーズ**
DAIGO, 安倍なつみ, 新納慎也
(台本・作詞)ハワード・アシュマン　(訳詞・演出)松村武　(振付)川崎悦子
(翻訳協力)池田有希子
5/13-5/30 本多劇場

106　SANKYO **志村魂 5　新作「初午の日に」**
志村けん, ダチョウ倶楽部, 磯山さやか, 桑野信義
(脚本・演出)ラサール石井　(脚本)朝長浩之　(振付)川崎悦子
7/1-7/11 天王洲 銀河劇場

107　音楽劇 **妖しのポップファンタジー ACT 泉鏡花**
木の実ナナ, 秋元才加, 近藤正臣, 三浦涼介
(作・演出)加藤直　(振付)前田清実
10/1-10/10 東京グローブ座ほか

108　**アジアン スイーツ**
鶴田真由, 根岸季衣, 新納慎也, 清水宏
(脚本・演出)鄭義信
11/17-11/28 下北沢・ザ・スズナリ　12/7-12/9 大阪・シアター BRAVA!

2011 年

109　ミュージカル **ヒロイン――女たちよ タフであれ!**
榊原郁恵, 石野真子, 松本伊代, 早見優
(脚本・作詞)高橋知伽江　(演出・振付)川崎悦子　(作詞・作曲・音楽監督)深沢桂子
2/3-2/10 博品館劇場ほか

110　ROCK ミュージカル **ピンクスパイダー**(hide the 13 th memorial)
武田真治, 渡部豪太, 南沢奈央, 高橋瞳, J
(脚本)竹内佑　(演出)荻田浩一　(音楽監督)iNA
3/8-3/27 東京グローブ座

111　SANKYO **志村魂 6　「初午の日に」再び!**
志村けん, ダチョウ倶楽部, 磯山さやか, 桑野信義
(脚本・演出)ラサール石井　(脚本)朝長浩之　(振付)川崎悦子
7/1-7/10 天王洲 銀河劇場

112　ミュージカル **嵐が丘**
河村隆一, 山崎育三郎, 安倍なつみ, 平野綾, 社けあき, 上條恒彦
(原作)エミリー・ブロンテ　(脚本)飯島早苗　(演出)西川信廣　(作曲)倉本裕基
7/11-7/24 赤坂 ACT シアター　7/27-7/31 大阪・シアター・ドラマシティ

113　**ピグマリオン PYGMALION**
市川知宏，尾藤イサオ，浦嶋りんこ，高野志穂
(原作)ジョージ・バーナード・ショー　(脚色・演出)赤堀雅秋
8/19–9/4 池袋・あうるすぽっと

114　アルゼンチンタンゴショー **ロコへのバラード**
彩吹真央，西島千博，石井一孝，CHIZUKO
(構成・演出・訳詞)小林香　(音楽監督)小松亮太
11/7–11/27 東京グローブ座ほか

115　ミュージカル **ア・ソング・フォー・ユー**
川平慈英，松本紀保，春野寿美礼
(上演台本・作詞・演出)菅野こうめい　(脚本・作詞・演出協力)鈴木聡　(音楽)久米大作
12/6–12/18 新国立劇場中劇場

2012年

116　ミュージカル **NEWヒロイン――女たちよ タフであれ！**
榊原郁恵，石野真子，川﨑麻世，松本伊代，早見優
(脚本・作詞)高橋知伽江　(演出・振付)川崎悦子　(作詞・作曲・音楽監督)深沢桂子
2/16–2/23 博品館劇場

117　**ラ・パティスリー**
井上正大，高橋愛，村井良太，酒井美紀
(原作)上田早有里　(脚本・演出)藤井清実
3/3–3/11 サンシャイン劇場

118　**カルテット！**
法月康平，エハラマサヒロ，秋本奈緒美
(原作)鬼塚忠　(脚本)鈴木哲也　(台本・作詞・演出)菅野こうめい
4/12–4/21 東京グローブ座

119　ミュージカル **コーヒープリンス１号店**
山﨑育三郎，加藤和樹，高畑充希
(原作)SUNMI LEE　(作詞・脚本)葛木英　(演出・振付)上島雪夫　(テーマ曲)槇原敬之
4/13–4/21 青山劇場　5/10–6/3 大阪・宮ノ森ピロティホール

120　**木の実ナナ50周年記念コンサート SHOW GIRLの時間旅行**
木の実ナナ，ゲスト多数
(構成)鈴木聡　(演出)菅野こうめい
5/29–6/2 ル・テアトル銀座　6/16 大阪・森ノ宮ピロティホール

121 SANKYO **志村魂7　新作「先づ健康」**
志村けん，いしのようこ，ダチョウ倶楽部
(脚本・総合演出)ラサール石井　(脚本)朝長浩之　(振付)川崎悦子
5/31-6/10 天王洲 銀河劇場

122 オフ・ブロードウェイ・ミュージカル **リトルショップ・オブ・ホラーズ**
相葉裕樹，フランク莉奈，新納慎也
(台本・脚本)ハワード・アシュマン　(訳詞・演出)松村武　(音楽監督)玉麻尚一
(振付)川崎悦子
6/7-6/20 本多劇場

123 音楽×ダンス×朗読 観る朗読劇 **100歳の少年と12通の手紙**
宮野真守，萬田久子ほか(本文154ページ参照)
(原作)エリック＝エマニュエル・シュミット　(演出)鈴木勝秀　(振付)平山素子
(ダンス)中島周
9/12-9/23 東京グローブ座　12/26-12/28 東京グローブ座(アンコール公演)

124 **日々の暮し方**
南果歩，中山祐一朗
(原作)別役実　(脚本)きたむらけんじ　(構成・演出)小野寺修二
10/18-10/28 池袋・あうるすぽっと

125 ミュージカル **女子高生チヨ**
木の実ナナ，高橋愛，馬場徹，大和田獏，明星真由美
(原作)ひうらさとる　(脚本)斎藤栄作　(演出)板垣恭一
12/1-12/9 東京グローブ座

126 ミュージカル **ア・ソング・フォーユー** クリスマススペシャルコンサート
春野寿美礼，川平慈英
(構成・演出)菅野こうめい
12/6-12/18 新国立劇場中劇場　12/19-12/20 中野サンプラザ

127 青春音楽活劇 **詭弁走れメロス**
武田航平，山下翔央，新垣里沙
(原作)森見登美彦　(脚本・演出)松村武
12/27-12/28 KAAT 神奈川芸術劇場大ホール　2013年 1/4-1/17 博品館劇場　2/2 大阪・サンケイホールブリーゼ

2013年

128 **教授**
椎名桔平，田中麗奈，中村中，高橋一生
(原作)五木寛之　(構成・演出)鈴木勝秀　(音楽監督・弾き語り)中村中
2/7-2/24 Bunkamura シアターコクーン

129 ミュージカル **新幹線おそうじの天使たち**
杜けあき，木の実ナナ，松本明子，モト冬樹
(原作)遠藤功 (脚本・作詞)まきりか (上演台本・演出・作詞)吉川徹 (振付)青木美保
3/16-3/24 アイアシアタートーキョー

130 **しゃばけ**
沢村一樹，麻実れい，臼田あさ美
(原作)畠中恵 (脚本・演出)鄭義信 (音楽)久米大作 (振付)吉野記代子
4/20-4/29 赤坂 ACT シアター 5/7-5/12 大阪・新歌舞伎座

131 **Musical Songs Concert SUPER DUETS**
河村隆一，安蘭けい
(構成・演出)菅野こうめい (振付)大澄賢也 (音楽監督)羽毛田丈夫
5/3-5/5 東急シアターオーブ

132 三大ミュージカルプリンスコンサート **StarS**
浦井健治，井上芳雄，山崎育三郎
(構成・演出)小林香 (音楽監督)かみむら周平 (振付)SHUN
5/8-5/12 東急シアターオーブ

133 MUSICAL **冒険者たち――The Gamba 9**
上山竜司，今拓哉，大山真志，坂元健児
(原作)斎藤惇夫 (脚本・演出・作詞)菅野こうめい (振付)振付稼業 air:man
6/6-6/16 サンシャイン劇場 6/22 名鉄ホール

134 SANKYO **志村魂 8 「先づ健康」再び！**
志村けん，いしのようこ，ダチョウ倶楽部
(脚本・総合演出)ラサール石井 (脚本)朝長浩之 (振付)川崎悦子
6/27-7/7 天王洲 銀河劇場

135 TANGO MUSICAL **ロコへのバラード**
彩吹真央，Chizuko，西島千博，石井一孝，小松亮太
(作・演出)小林香 (振付)Claudio Villagra ほか
9/19-9/29 東京グローブ座

136 三大ミュージカルプリンスコンサート **StarS ありがとう公演 みんなで行こう武道館**
浦井健治，井上芳雄，山崎育三郎
(構成・演出)小林香 (音楽監督)かみむら周平 (振付)SHUN
11/11 日本武道館

137 交響劇 **船に乗れ！**
山崎育三郎，田中麗奈，福井晶一
(原作)藤谷治 (脚本)鈴木哲也 (演出)菅野こうめい (音楽監督・作曲)宮川彬

良
12/13-12/21 東急シアターオーブ

138 On The Stage **クランクイン**
別所哲也，新妻聖子
(作・演出)増田久雄　(演奏)モーガン・フィッシャー
12/16-12/25 東京芸術劇場シアターイースト

2014年

139 ミュージカル **KACHIBUS**[カチバス]——**でっかい北海道で起こった，ちっちゃなバス会社の奇跡**
森崎博之，小野寺昭
(原作)吉田理宏　(脚本・作詞・作曲)まきりか　(演出)北澤秀人
1/5-1/13 本多劇場　2/12 札幌市民ホール　2/14-2/15 帯広市民ホール

140 七変化音楽劇 **有頂天家族**
武田航平，新垣里沙
(原作)森見登美彦　(脚本・演出)松村武
1/16-1/26 本多劇場　2/8 京都劇場

141 ROCK MUSICAL **ピンクスパイダー 2014**
(中止)

池田道彦

1939年東京・日本橋浜町生まれ．1958年東京都立城南高校卒業．
1958〜78年，渡辺プロダクションにて統括マネージャーとして勤務．ザ・ピーナッツ，伊東ゆかり，中村八大モダン・トリオ，内田裕也，沢田研二，ザ・タイガース，ザ・ワイルド・ワンズ，布施明，アグネス・チャンらを担当．1979年，株式会社アトリエ・ダンカン設立(2014年に倒産)．所属タレントに，木の実ナナ，森下愛子，上條恒彦，柴俊夫，萩原健一，根津甚八，森山未來，尾藤イサオ，池田有希子，杜けあき，新納慎也，石井一孝，福井晶一，森公美子，坂元健児，篠井英介，山崎育三郎ら．2014年まで約150作品の舞台を企画・制作する．

今日も舞台を創る――プロデューサーという仕事

2023年4月12日　第1刷発行

著　者　池田道彦《いけだみちひこ》

発行者　坂本政謙

発行所　株式会社 岩波書店
〒101-8002 東京都千代田区一ツ橋2-5-5
電話案内 03-5210-4000
https://www.iwanami.co.jp/

印刷・三秀舎　製本・松岳社

ISBN 978-4-00-061589-1　Printed in Japan